Der Traum des Schmetterlings
Taoistische Weisheit

Der Traum des Schmetterlings

Taoistische Weisheit

Aus dem Chinesischen übersetzt und
herausgegeben von
Wolfgang Ommerborn

Benziger Verlag

Die Deutsche Bibliothek – CIP-Einheitsaufnahme

Der Traum des Schmetterlings:
taoistische Weisheit / aus dem Chines. übers. und hrsg.
von Wolfgang Ommerborn. –
Düsseldorf; Zürich: Benziger, 2000
ISBN 3-545-20183-X

Umschlag: GrafikDesign Reckels & Schneider-Reckels, Wiesbaden
Satz: Fotosatz Moers, Mönchengladbach
Druck und Einband: Clausen & Bosse, Leck
ISBN 3-545-20183-X

Inhalt

Vom Träumen
und vom Wachsein

Der Schmetterlingstraum

Zhuang Zhou träumte einmal, er sei ein wilder Schmetterling, ein glücklich umherflatternder wilder Schmetterling. Wie wohl er sich dabei fühlte! Und er vergaß völlig, dass er Zhuang Zhou war.

Doch plötzlich erwachte er und war erstaunt und verwirrt, weil er feststellte, dass er Zhuang Zhou war. Da zweifelte er und fragte sich: Bin ich nun Zhuang Zhou, der träumte, er sei ein wilder Schmetterling, oder bin ich ein wilder Schmetterling, der träumt, er sei Zhuang Zhou?

Aber zwischen Zhuang Zhou und dem Schmetterling muss es gewiss einen Unterschied geben. Das nennt man den Prozess der Verwandlung der Dinge. *Zhuangzi*

✳

Im Traum gefangen

Zhang Wuzi sprach zu Gu Lou:

»Wenn jemand träumt, er trinke Wein, dann wird er, wenn er am nächsten Morgen erwacht, klagen und weinen. Wenn jemand träumt, er klage und weine, dann wird er, wenn er am nächsten Morgen erwacht, dennoch wohlgemut aufs Feld oder zur Jagd gehen.

So ist das mit dem Träumen: Man weiß nicht, dass man träumt. Während des Traums ist man im Traum gefangen. Erst nachdem man aufgewacht ist, kann man erkennen, dass es ein Traum war. Und erst, wenn man schon lange wach ist, versteht man, dass man lange geträumt hat. Aber all die Dummköpfe glauben von sich selbst, dass sie wach seien und alles genau wüssten.

Ach Gu Lou, auch du und Konfuzius, ihr träumt noch immer! Doch wenn ich euch als ›Träumer‹ bezeichne, dann ist das ebenfalls nur ein Traum. Was ich jetzt sage, nennst du absurd und kurios. Sollte aber nach zehntausend Generationen ein Weiser auftreten, der diese Worte versteht, dann ist es gleich, ob man ihm am Morgen, wenn man aufgewacht ist, oder am Abend, wenn man sich schlafen legt, begegnet.«

Zhuangzi

*

Welches Land ist das beste?

Am Südrand des westlichen Pols erstreckt sich ein Land, von dem ich nicht weiß, wie weit seine Grenzen reichen. Es wird ›Land des alten Dickichts‹ genannt. Die Wirkkräfte von Yin und Yang vereinigen sich dort nicht, darum gibt es keinen Unterschied von Kälte und Wärme. Das Licht von Sonne und Mond erstrahlt dort nicht, darum gibt es keinen Unterschied von Tag und Nacht. Die Menschen dort haben weder Nahrung noch Kleidung. Sie schlafen viel und wachen nur alle fünfzig Tage einmal auf. Was sie in ihren Träumen erleben, halten sie für die Wirklichkeit, und was sie im Wachsein sehen, halten sie für Einbildung.

Das Land Qi inmitten der Vier Meere wird ›Land der Mitte‹ genannt. Es dehnt sich über zehntausend li* südlich und nördlich des Gelben Flusses und östlich und westlich des Tai-Berges aus. Yin und Yang wirken dort im richtigen Maß, darum gibt es den Wechsel von Kälte und Wärme. Dunkles und Helles sind dort deutlich ge-

* 1 li = ca. 500 Meter.

schieden, darum gibt es den Wechsel von Tag und Nacht. Kluge und dumme Menschen leben dort und die zehntausend Dinge gedeihen prächtig. Begabung und Tüchtigkeit zeigen sich in vielfacher Weise. Herrscher und Untertanen sind sich nah. Riten und Gesetze stützen sich gegenseitig und was die Menschen dort alles sagen und tun, kann man nicht aufzählen. Wachsein und Schlaf wechselt bei ihnen und was sie im Wachsein tun, halten sie für wirklich, und was sie im Traum sehen, halten sie für Einbildung.

Am nördlichen Rand des östlichen Pols gibt es ein Land, das ›Land des üppig fallenden Laubs‹ genannt wird. Sein Klima ist unendlich heiß. Das Licht von Sonne und Mond scheint dort übermäßig. Seine Böden bringen keine guten Früchte hervor, so dass die Menschen sich von Graswurzeln und Baumfrüchten ernähren müssen. Gebratene Speisen sind ihnen völlig unbekannt. Ihr Wesen ist hart und grausam und die Starken und Schwachen vernichten sich gegenseitig. Sie schätzen nur den Siegreichen und achten die Rechtschaffenheit nicht. Meist laufen sie umher und kommen nur wenig zur Ruhe, immer sind sie wach und kennen keinen Schlaf.

Liezi

*

Herr und Knecht

Herr Yin aus Zhou verfügte über einen gewaltigen Besitz. Er trieb seine Diener zur Arbeit an, so dass sie von Tagesanbruch bis zur Abenddämmerung nicht zur Ruhe kamen. In seinem Haus gab es einen alten Knecht, dessen Körperkräfte schon ziemlich erschöpft waren, der aber dennoch mit mehr Aufgaben als die anderen Diener betraut wurde. Am Tag verrichtete er stöhnend seine Dienste und am späten Abend war er so erschöpft, dass er nur noch in den Schlaf sinken konnte. Doch im Schlaf schweifte sein Geist weit aus. Jede Nacht träumte er, der Fürst eines Reiches zu sein. Er thronte über seinem Volk und die Aufgaben des Staates lagen in seiner Hand. Er wandelte durch seine Paläste und wenn ihm etwas gefiel, dann nahm er es sich, so dass seine Freuden ohne Gleichen waren. Wenn er am Morgen erwachte, war er wieder ein Knecht.

Als ihn darum einmal jemand wegen seiner Mühsal trösten wollte, antwortete er nur:

»Selbst wenn man hundert Jahre alt wird, besteht das Leben doch immer zur Hälfte aus Tag und zur Hälfte aus Nacht. Am Tag bin ich ein abhängiger Knecht, das ist wahrhaft mühselig! Aber in der Nacht bin ich ein Fürst und meine Freuden kennen keine Grenzen. Warum also sollte ich mich beklagen?«

Bei Herrn Yin nagten die weltlichen Geschäfte an seinem Herzen, denn er sorgte sich darum, den Besitz seiner Familie zusammenzuhalten. Sein Geist und sein Körper wurden dadurch immer erschöpfter. Auch er war des Abends so müde, dass er nur noch in den Schlaf sinken konnte. Jede Nacht träumte er, er sei ein Knecht, der angetrieben wurde, seinen Dienst zu verrichten. Alles musste er tun und erntete dafür doch nur Beschimpfungen und Stockhiebe. Darum lallte und keuchte er im Schlaf und erst wenn der Morgen anbrach, fand er Ruhe. Er wurde krank davon und fragte einen Freund um Rat.

Der Freund erwiderte:

»Deine Stellung in der Gesellschaft verschafft dir genügend Ansehen, Reichtümer hast du mehr als du brauchst und andere Menschen übertriffst du mit deinen

Fähigkeiten bei weitem. Doch wenn du in der Nacht träumst, du seist ein Knecht, so liegt das daran, dass beim Menschen Anstrengung und Entspannung stets abwechselnd aufeinander folgen müssen. Du aber möchtest, dass es dir im Wachsein und im Schlaf immer gleich angenehm ist. Wie aber soll das gehen?«

Nachdem Herr Yin die Worte seines Freundes gehört hatte, milderte er die Beanspruchung seiner Diener und verminderte die Verpflichtungen, die seinen Geist immer so beschäftigten. Tatsächlich ließ seine Krankheit ein wenig nach.

Liezi

*

Der geträumte Hirsch

Ein Mann aus dem Staat Zheng, der in die Wildnis gegangen war, um Brennholz zu sammeln, schreckte dabei einen Hirsch auf. Er stellte sich dem Tier in den Weg, schlug und tötete es. Weil er fürchtete, dass ein anderer den Hirsch entdecken könnte, verbarg er ihn hastig in einem Graben und warf Palmblätter über ihn. Er war außer sich vor Freude und wollte ihn später abholen. Aber als er nach Hause ging, vergaß er auf einmal den Ort, wo er den Hirsch versteckt hatte, und bald glaubte er sogar, dass er das Erlegen des Hirsches nur geträumt habe. Während er so seines Weges ging, murmelte er unentwegt über diese Begebenheit vor sich hin. Ein Mann, der unterwegs eine Zeitlang neben ihm her ging, bekam mit, worüber er sprach, und es gelang diesem tatsächlich, den versteckten Hirsch zu finden. Nachdem dieser Mann mit dem Hirsch zu Hause angekommen war, sprach er zu seiner Frau:

»Unterwegs traf ich einen Brennholzsammler, der geträumt hat, er habe einen Hirsch erlegt, aber vergessen, wo er ihn versteckt hat. Da ich den Hirsch gefunden habe, muss er wohl einen wahren Traum gehabt haben.«

Die Ehefrau erwiderte:

»Hast nicht vielleicht du im Traum einen Brennholzsammler gesehen, der einen Hirsch erlegt hat? Aber da du tatsächlich einen Hirsch mitgebracht hast, war also dein Traum doch Wirklichkeit?«

Da sagte der Mann:

»Ich halte hier einen erlegten Hirsch in den Händen. Also was kümmert es mich, ob der Brennholzsammler geträumt hat oder ich!«

Nachdem der Brennholzsammler zu Hause angekommen war, ärgerte er sich nicht über den Verlust des Hirsches. Aber in der Nacht träumte er wahrhaftig von dem Ort, an dem er den Hirsch versteckt und auch von dem Mann, der ihn gefunden hatte. Schon früh am nächsten Tag machte er sich daran, der Sache nachzugehen und fand schließlich den Mann. Es folgte ein Streit zwischen den beiden, der vor dem Richter endete.

Der Richter sagte zu dem Brennholzsammler:

»Entweder hast du wirklich einen Hirsch erlegt, dies aber später irrtümlich für einen Traum gehalten oder du hast nur geträumt, du hättest einen Hirsch erlegt und hältst dies nun irrtümlich für wahr. Hat also dieser Mann in Wahrheit deinen Hirsch genommen und streitet er nun mit dir um deinen Hirsch? Nun sagt dessen Ehefrau, er habe vielleicht dich und deinen Hirsch nur im Traum gesehen, so dass also eigentlich niemand einen Hirsch hätte finden können. Wir haben hier aber augenscheinlich einen Hirsch vor uns. Ich bitte euch darum, den Hirsch in zwei Hälften zu teilen. Ansonsten mögt ihr die Meinung des Fürsten von Zheng dazu hören.«

Aber der Fürst von Zheng sagte nur amüsiert:

»Soso, der Richter stützt seine Entscheidung, den Hirsch aufzuteilen, also auf Träume.«

Dann wurde noch der Kanzler von Zheng befragt.

Dieser meinte:

»Ob es nun Träume sind oder nicht, das kann ich nicht beurteilen. Nur der Gelbe Kaiser und Konfuzius waren in der Lage zu bestimmen, was Wachsein und was Traum ist. Aber da die beiden heute nicht mehr leben, wie will man in diesem Fall richtig entscheiden? Man soll darum so verfahren, wie der Richter es vorgeschlagen hat. *Liezi*

*

Der eingebildete Beildieb

Ein Mann hatte sein Beil verloren und verdächtigte den Sohn seines Nachbarn, es gestohlen zu haben. Er beobachtete darum den Verdächtigen und fand, dass die Art, wie er ging, die eines Beildiebes war, dass der Ausdruck seines Gesichtes, der eines Beildiebes war und dass die Stimme, mit der er sprach, die eines Beildiebes war. Daraus, wie der Junge sich bewegte und wie er sich verhielt, konnte der Mann nichts anderes schließen, als dass er ein Beildieb war.

Aber dann fand der Mann, während er einen Graben aushob, plötzlich sein Beil wieder. Und als er am darauffolgenden Tag den Sohn des Nachbarn wieder sah, da erinnerten ihn weder dessen Bewegungen noch dessen Verhalten an einen Beildieb. *Liezi*

Der Wahre Mensch kennt keine Grenzen

Die Freude der Fische

Meister Zhuang und Meister Hui spazierten eines Tages über die Brücke des Hao-Flusses.

Da sprach Meister Zhuang:

»Wie unbeschwert sich die Fische an der Wasseroberfläche tummeln. Das ist die Freude der Fische.«

Meister Hui bemerkte:

»Du bist kein Fisch, wie kannst du dann die Freude der Fische kennen?«

Meister Zhuang erwiderte:

»Du bist nicht ich, wie kannst du dann wissen, dass ich die Freude der Fische nicht kenne?«

Meister Hui entgegnete:

»Ich bin nicht du, und darum kann ich nicht wirklich wissen, was du denkst; aber du bist wahrhaftig auch kein Fisch, und aus diesem Grund kannst du die Freude der Fische in Wahrheit nicht kennen. Das ist doch wohl unzweifelhaft!«

Da sagte Meister Zhuang:

»Lass uns bitte noch einmal an den Beginn des Disputs zurückkehren. Du hast mich gefragt, wie ich behaupten könne, dass ich die Freude der Fische kenne, dabei hast du von Anfang an gewusst, dass ich sie kenne. Ich kenne sie durch meine eigene Freude, wenn ich auf der Brücke über den Hao-Fluss spaziere.« *Zhuangzi*

*

Von der Übereinstimmung

Bo Ya war ein guter Zitherspieler und Zhong Ziqi war ein guter Zuhörer. Wenn Bo Ya auf seiner Zither eine Weise anstimmte und dabei an das Erklimmen eines Berges dachte, rief Zhong Ziqi sofort aus:

»Ausgezeichnet! Diese Musik ragt in die Höhe wie der mächtige Tai-Berg!«

Sobald Bo Ya beim Spielen fließendes Wasser in den Sinn kam, rief Zhong Ziqi sogleich aus:

»Ausgezeichnet! Diese Musik ist so weit und tief wie die Wasser des Yangtse und des Gelben Flusses!«

Ganz gleich, was Bo Ya während seines Zitherspieles auch dachte, Zhong Ziqi wusste jedesmal, was es war.

Eines Tages wanderten Bo Ya und Zhong Ziqi am Nordrand des Tai-Berges entlang, als sie plötzlich von einem Unwetter überrascht wurden. Schnell suchten sie Schutz unter einem Felsen. Weil er sich traurig fühlte, ergriff Bo Ya seine Zither und begann zu spielen. Zuerst stimmte er eine Melodie an, zu der ihn der prasselnde Regen inspirierte und dann eine Weise, bei der ihm ein einstürzender Berg in den Sinn kam. Doch was er auch spielte, Zhong Ziqi neben ihm erriet sofort seine Gefühle.

Da legte Bo Ya die Zither zur Seite und seufzte:

»Ausgezeichnet! Wirklich ausgezeichnet! Das, was du denkst, wenn ich spiele, ist immer genau das, was ich in meinem Herzen habe. Wie könnte ich jemals den Sinn meiner Melodien vor dir verbergen!« *Liezi*

✳

Konfuzius und der Schwimmer

Konfuzius betrachtete einmal den dreißig ren* hohen Wasserfall von Lüliang. Auf dreißig li** schäumte das Wasser so sehr, dass Schildkröten, Krokodile und Fische

* 1 ren = ca. 2,20 Meter.

** 1 li = ca. 500 Meter.

nicht darin schwimmen konnten. Da entdeckte er einen Mann, der in dem Wasser umherschwamm und dachte, dass dieser wohl Kummer haben müsse und sich darum ertränken wolle. Aus diesem Grund schickte er seine Schüler los, damit sie diesen, wenn er vorbeitreiben würde, zu fassen bekämen. Aber nachdem er mehrere hundert Schritte weit geschwommen war, kam der Mann von selbst und mit zerzausten Haaren aus dem Wasser heraus, stimmte ein Lied an und spazierte am Ufer entlang.

Konfuzius folgte ihm und als er ihn erreicht hatte, fragte er ihn:

»Der Wasserfall von Lüliang ist dreißig ren hoch, so dass das Wasser auf dreißig li schäumt und Schildkröten, Krokodile und Fische darin nicht schwimmen können. Als ich dich vorhin darin erblickte, habe ich gedacht, dass du Kummer hast und dich ertränken wollest. Darum schickte ich meine Schüler los, damit sie dich, wenn du vorbeitreiben würdest, zu fassen bekämen. Aber dann kamst du von selbst aus dem Wasser heraus mit zerzausten Haaren und hast angefangen, ein Lied zu singen. Da habe ich geglaubt, du seiest ein Geist. Doch wenn ich dich nun genau betrachte, sehe ich, dass du auch nur ein Mensch bist. Darf ich dich darum fragen, ob du eine bestimmte Methode anwendest, um in diesem Wasser zu schwimmen?«

Der Mann antwortete:

»Nein, dafür habe ich keine Methode. Am Anfang war es Gewöhnung, mit der Zeit wurde es mein Wesen und am Schluss mein Schicksal. Mit der nach unten ziehenden Strömung tauche ich hinab und mit der nach oben treibenden Strömung komme ich wieder herauf. Ich folge dem tao des Wassers und mache nichts weiter. Darum kann ich darin schwimmen.«

Konfuzius sprach:

»Was bedeutet es, wenn du sagst, am Anfang war es Gewöhnung, mit der Zeit wurde es mein Wesen und am Schluss mein Schicksal?«

Der Mann erwiderte:

»Ich wurde in diesen Hügeln geboren und habe in ihnen Stille erlangt. Das ist die Gewöhnung. Ich bin im Wasser groß geworden und habe darin ebenfalls Stille erlangt. Das ist mein Wesen. Ich weiß nicht, warum ich es so mache, ich mache es einfach so. Das ist mein Schicksal.«

Liezi

*

Der vollkommene Bogenschütze

Lie Yukou trat mit seinem Bogen vor Bohun Wuren, stellte einen Becher mit Wasser auf seinen Ellenbogen und spannte ihn bis zum Äußersten. Dann schoss er wieder und wieder Pfeile ab, während er unbeweglich wie eine Statue stehen blieb.

Bohun Wuren sprach:

»Du bist ein Bogenschütze, der es versteht, seine Pfeile abzuschießen, aber du bist kein Bogenschütze, der es versteht, keine Pfeile abzuschießen. Wenn wir jetzt auf einen hohen Berg steigen und dort gefährliche Felsen betreten und uns dem Rand einer hundert ren* hohen Steilwand nähern würden, könntest du dort in gleicher Weise deine Pfeile abschießen?«

Daraufhin kletterte Lie Yukou auf einen hohen Berg, betrat die gefährlichen Felsen und stellte sich an eine hundert ren hohe Steilwand. Dann drehte er sich um und

* 1 ren = ca. 2,20 Meter.

bewegte sich langsam rückwärts, bis seine beiden Füße zu zwei Dritteln über den Rand der Steilwand hinausragten. Nun winkte er Wuren herbei. Dieser aber warf sich auf den Boden und der Angstschweiß rann ihm bis zu den Fersen hinab.

Da sprach Lie Yukou:

»Ein vollkommener Mensch schaut nach oben bis zum blauen Himmelszelt und nach unten bis zu den Gelben Quellen. Er kann sich frei in alle Richtungen bewegen und seine Geisteskraft wird durch nichts verändert. Aber du bist voller Furcht und schaust dich nur ängstlich um. Du glaubst dich schon in Gefahr, obwohl du noch mitten auf der Erde stehst!«

Liezi

*

Das Herz läutern und das Wissen abschütteln

Der Kanzler Zhao Xiangzi führte einmal ein Gefolge von hunderttausend Personen, um in den Mittleren Bergen zu jagen. Dort angekommen, wurde der Wald mit Stroh angezündet und das Feuer so entfacht, dass es hundert li* weit leuchtete. Da trat plötzlich ein Mann aus einem Felsen heraus und schwebte in dem Rauch und in der Asche auf und nieder. Alle glaubten, er müsse ein Gespenst sein. Als das Feuer schließlich wieder verloschen war, trat er langsam aus dem Rauch hervor, so als wäre nichts geschehen. Xiangzi war neugierig, darum ließ er ihn aufhalten und sorgfältig untersuchen. Seine körperliche Erscheinung, seine Augen und Ohren, seine Nase und sein Mund waren die eines Menschen. Sein Atmen

* 1 li = ca. 500 Meter.

und Sprechen war das eines Menschen. Auf die Frage, welche Methode es ihm ermögliche, sich in einem Felsen aufzuhalten und in das Feuer zu gehen, antwortete der Mann nur:

»Was bezeichnet Ihr als Fels? Und was bezeichnet Ihr als Feuer?«

Da entgegnete Xiangzi erstaunt:

»Das, woraus du hervorgetreten bist, ist ein Felsen und das, worauf du hinauf- und hinabgeschwebt bist, war ein Feuer.«

Der Mann aber sagte:

»Das alles kenne ich nicht.«

Als der Fürst Wen von Wei diese Geschichte hörte, fragte er den Zixia, einen Schüler des Konfuzius:

»Was für ein Mensch mag das gewesen sein?«

Zixia antwortete:

»Wie ich von meinem Meister gehört habe, befindet sich ein Mensch, der in Übereinstimmung mit dem tao ist, in einer Großen Einheit mit allen Dingen. Weil die Dinge ihn nicht verletzen und aufhalten können, darum ist er in der Lage, durch Metall und Stein, Feuer und Wasser hindurchzugehen.«

Fürst Wen fragte:

»Warum vollbringst du das nicht?«

Zixia erwiderte:

»Das Herz läutern und das Wissen abschütteln, das kann ich nicht, auch wenn ich Muße habe und versuche, darüber zu sprechen.«

Fürst Wen fragte:

»Kann dein Meister das vollbringen?«

Zixia entgegnete:

»Mein Meister kann es, aber er hat auch die Fähigkeit, es nicht zu tun.«

Liezi

Wahre Menschen

Die Wahren Menschen des Altertums waren im Schlaf ohne Traum und im Wachsein ohne Sorgen. Ihre Speisen waren süß, und ihr Atem ging ganz tief, denn die Wahren Menschen atmeten mit den Fersen. Doch die gewöhnlichen Menschen atmen nur mit der Kehle. Darum bleiben ihnen, wenn sie sich unterlegen fühlen, die Worte im Halse stecken, und sie beginnen zu würgen; und wenn sie Tiefe anstreben, dann wird ihre Natürlichkeit immer seichter. Die Wahren Menschen des Altertums hingegen wussten nichts von der Freude geboren zu werden und von der Abscheu gegenüber dem Tod. Beim Eintritt in das Leben waren sie gleichgültig und wenn sie sterben mussten, wehrten sie sich nicht dagegen. Frei und ungehindert war ihr Kommen und ihr Gehen. Sie vergaßen ihren Anfang nicht, aber sie strebten auch nicht nach dem Ende. Sie empfingen ihr Leben und waren damit zufrieden; sie vergaßen es wieder und kehrten zurück in den Tod. Man kann sagen, dass sie mit ihrem Geist das tao nicht verletzten und nicht danach trachteten, dem Natürlichen mit dem Künstlichen zu helfen. Darum werden sie Wahre Menschen genannt. *Zhuangzi*

*

Die List des Affenzüchters

Im Staat Song lebte einmal ein Affenzüchter, der liebte die Affen und zog eine ganze Herde davon groß. Er wusste immer, was seine Affen wollten, und sie hatten seine Zuneigung sosehr erlangt, dass er darüber seine eigene Familie vernachlässigte und nur noch die Wünsche der Affen zu erfüllen suchte.

Doch eines Tages trat unerwartet ein Mangel an Futter ein, und er war gezwungen, die Futterrationen für seine Affen zu kürzen. Weil er fürchtete, dass die Affen davon nicht begeistert wären, versuchte er es von vornherein mit einer List.

Er sagte zu ihnen:

»Ich werde euch von nun an morgens drei und abends vier Kastanien zu fressen geben. Seid ihr damit einverstanden?«

Daraufhin gerieten alle Affen in Rage.

Da schlug der Affenzüchter plötzlich vor:

»Nun gut, dann gebe ich euch morgens vier und abends drei Kastanien zu fressen. Seid ihr damit einverstanden?«

Da beruhigten die Affen sich wieder und freuten sich sogar.

So ist es immer, man kann die Wesen mit einfachen Mitteln überlisten. Wenn die Weisen mit ihrem Wissen die Menge der Törichten überlisten, handeln sie wie der Affenzüchter. Ohne etwas an den Tatsachen zu ändern, konnte er sie einmal fröhlich und einmal zornig stimmen.

Liezi

✳

Der vollkommene Kampfhahn

Ji Xiaozi richtete für König Xuan von Zhou einen Kampfhahn ab.

Nach zehn Tagen erkundigte sich der König:

»Kann der Hahn schon kämpfen?«

Ji Xiaozi erwiderte:

»Noch nicht, er ist noch hochmütig und aufbrausend.«

Zehn Tage später fragte der König erneut.

Ji Xiaozi antwortete:

»Noch nicht, er reagiert noch auf Einflüsse von außen.«

Nach weiteren zehn Tagen erkundigte sich der König wiederum.

Ji Xiaozi entgegnete:

»Noch nicht, er blickt noch um sich und will seine große Kraft zeigen.«

Als wieder zehn Tage vergangen waren und der König nachfragte, sagte Ji Xiaozi:

»Nun ist es wohl soweit. Wenn andere Hähne krähen, dann berührt ihn das nicht mehr. Seht ihn Euch an, er scheint wie ein Hahn aus Holz zu sein. Seine innere Wirkkraft ist vollendet. Andere Hähne wagen nicht, ihn herauszufordern und laufen fort, sobald sie ihm begegnen.«

Liezi

✳

Kunst und Natur

Ein Mann aus dem Staat Song schnitzte für seinen Fürsten ein Maulbeerbaumblatt aus Jade. Drei Jahre dauerte es, bis er damit fertig war. Mit spitzen Werkzeugen hatte er den Stiel, die feinen Zacken am Blattrand und die glatten Stelle auf der Blattoberfläche geschnitten, so dass, hätte man es unter echte Maulbeerbaumblätter gemischt, kein Mensch einen Unterschied hätte feststellen können. Dieser Mann durfte wegen seiner Geschicklichkeit fortan auf Kosten des Staates Song leben.

Als Meister Lie dies vernahm, sagte er:

»Wenn Himmel und Erde auch drei Jahre benötigt hätten, um ein Blatt hervorzubringen, dann gäbe es wohl nur wenige Blätter. Aus diesem Grund verläßt sich der

Weise auf das Wirken des tao und nicht auf Gelehrsamkeit und Geschicklichkeit.« *Liezi*

*

Wo befindet sich das tao?

Meister Dongguo fragte Meister Zhuang:

»Wo befindet sich das, was als tao bezeichnet wird?«

Meister Zhuang erwiderte:

»Es ist überall.«

Aber Meister Dongguo rief aus:

»Nun sagt mir doch einmal genauer, wo es ist!«

Meister Zhuang antwortete:

»Es ist in Maulwurfsgrillen und Ameisen.«

»Ist es in noch Niedrigerem?«

»Es ist im Unkraut.«

»Kann es in noch Niedrigerem sein?«

»Es ist in Dachziegeln und Steinen.«

»Und findet es sich selbst in noch Niedrigerem als diesen?«

»Nun, es ist auch im Kot und Urin.«

Darauf konnte Meister Dongguo nichts weiter sagen.

Meister Zhuang sprach zu ihm:

»Eure Fragen zielen nicht auf das Wesentliche. Das ist wie bei den Würdenträgern, die den Marktaufseher fragten, wohin man ein Schwein treten müsse, um festzustellen, ob es genügend Fett hat, worauf der antwortete, je tiefer man gegen ihre Beine trete, um so besser könne man das herausfinden. Meister Dongguo, Ihr dürft das tao nicht an einer bestimmten Stelle suchen, denn so wird es sich Euch immer entziehen. Beim höchsten tao ist es so, dass man es nur umfassend begreifen kann.

Wenn man ›Alles‹, ›Allumfassendes‹ oder ›Gesamtes‹ sagt, dann verwendet man zwar unterschiedliche Begriffe, meint aber die gleiche Sache, denn die Bedeutung dieser Begriffe ist identisch. Versucht darum einmal mit mir im Palast des Nichts zu wandeln, dort, wo alle Reden miteinander verschmelzen und man niemals zu einem Ende gelangt. Versucht einmal mit mir zum Nicht-Handeln zu kommen, wo Ruhe, Klarheit und Gelassenheit herrschen. Denn wenn unser Geist leer ist, dann gehen wir fort, ohne darüber nachzudenken wohin, und kehren zurück, ohne darüber nachzudenken, wo wir stehen bleiben sollen. Wir wandern einfach umher, ohne uns darum zu kümmern, wo unser Ziel ist. Dann lassen wir uns nur noch treiben im grenzenlosen Raum und lassen das Große Wissen in unseren Geist eindringen, ohne uns darum zu kümmern, wie es zu ergründen ist. Das, was die Dinge zu Dingen macht, ist von ihnen nicht getrennt. Doch wenn von Grenzen die Rede ist, sind das immer nur die Grenzen der Dinge. So ist das scheinbar Grenzenlose in Wirklichkeit begrenzt und das scheinbar Begrenzte in Wirklichkeit grenzenlos. Wir sprechen von Fülle und Leere und vom Aufsteigendem und Absteigendem. Aber was wir als Fülle und Leere bezeichnen, ist nicht wirklich voll oder leer; und was wir als Aufsteigendes und Absteigendes bezeichnen, steigt nicht wirklich auf oder ab; ebenso wie das, was wir als Anfang und Ende bezeichnen, nicht wirklich Anfang oder Ende sind und das, was wir als Sammeln und Zerstreuen bezeichnen, sich nicht wirklich sammelt oder zerstreut.« *Liezi*

*

Die Kunst, Hunde und Pferde zu beurteilen

Durch die Vermittlung des hohen Beamten Nü Shang erhielt Xu Wugui eine Audienz bei dem Fürsten Wu des Staates Wei.

Als Fürst Wu ihn erblickte, sagte er mitleidvoll zu ihm:

»Euch geht es wohl schlecht und Ihr seid es leid, weiterhin in den Bergen und Wäldern mühevoll Euer Dasein fristen zu müssen.«

Aber Xu Wugui erwiderte:

»Ich bin hergekommen, um Euch zu bedauern, Fürst, also warum solltet Ihr mit mir Mitleid haben? Denn ist es nicht so, dass Ihr nach der Befriedigung Eurer Begierden strebt und Ihr entweder Euer Gefühl der Liebe oder Euer Gefühl des Hasses steigert, und Ihr dabei immer Eurem eigentlichen Wesen schadet. Unterdrückt Ihr hingegen Eure Begierden und beseitigt Eure Gefühle der Liebe oder des Hasses, dann schadet Ihr damit Euren Sinnen. Darum bedauere ich Euch. Warum also solltet Ihr Mitleid mit mir haben?«

Darauf wusste Fürst Wu nichts mehr zu erwidern.

Etwas später setzte Xu Wugui seine Rede fort:

»Ich möchte Euch einmal erzählen, wie ich Hunde beurteile. Also, die niedrigste Sorte unter ihnen will sich nur satt fressen und sonst nichts. Sie hat die Natur von Wildkatzen. Die mittlere Sorte lässt ihren Blick wachsam in die Ferne schweifen, so als schaute sie zur Sonne. Die höchste Sorte aber vergißt sich selbst. Doch noch besser als Hunde kann ich Pferde beurteilen. Schau ich mir nämlich ein Pferd an, dann achte ich darauf, ob es so geradeaus läuft, als würde es sich entlang eines gestreckten Seils bewegen, ob es Wendungen vollführt, die mit einem Haken übereinstimmen, ob es im Viereck läuft, als würde es mit einem Winkelmaß messen, oder ob es im Kreis läuft, als würde es einem Zirkel folgen. Ein solches Pferd gehört zu den besten im ganzen Staat. Und dennoch ist es den besten Pferden der Welt unterlegen. Diese haben vollendete Fähigkeiten. Sie lösen sich auf, sie verschwinden, sie verlieren sich im Einen. Ja, sie sind so, dass sie der im schnellen Lauf aufgewirbelte Staub nicht mehr berührt, und sie frei und ungehindert vorwärts eilen.«

Als der Fürst Wu das hörte, amüsierte er sich und fing zu lachen an.

Nachdem Xu Wugui den Audienzsaal verlassen hatte, wurde er von Nü Shang gefragt:

»Wie ist es nur möglich, dass Ihr in dieser Weise mit dem Fürsten sprechen könnt? Wenn ich ihm Ratschläge erteile, dann rede ich entweder über die kanonischen Schriften der Konfuzianer, dem ›Buch der Lieder‹, dem ›Buch der Dokumente‹, dem ›Ritenbuch‹ und dem ›Buch der Musik‹, oder aber über Schriften der Kriegskunst wie der ›Goldenen Tafel‹ oder den ›Sechs Kriegsplänen‹, die doch alles wahrlich Werke sind, deren große Leistungen für die Bewältigung weltlicher Angelegenheiten unbestritten sind. Aber niemals gelingt es mir, den Fürsten zum Lachen zu bringen. Was habt Ihr ihm nur gesagt, dass er so vergnügt geworden ist?«

Xu Wugui erwiderte:

»Nun, ich habe ihm nur erzählt, wie ich Hunde und Pferde beurteile.«

Da rief Nü Shang verblüfft aus:

»Aber wie ist es Euch gelungen?«

»Habt Ihr nicht die Geschichte von dem Mann gehört, der nach Yue verbannt wurde? Nachdem er mehrere Tage aus seiner Heimat fort war, freute er sich jedesmal, wenn er jemanden traf, den er kannte. Nachdem er mehr als eine Woche oder einen Monat aus seiner Heimat fort war, freute er sich immer, wenn er jemanden traf, dem er einmal in seiner Heimat begegnet war. Und nachdem er ein Jahr aus seiner Heimat fort war, freute er sich schon, wenn er jemanden traf, von dem er meinte, dass er ihm vielleicht einmal in seiner Heimat begegnet sei. Ist es nicht auch so: Je länger man von Menschen, die man kennt, getrennt ist, um so mehr sehnt man sich nach ihnen. Wenn ein Mensch in die Wildnis geraten ist, wo wild wucherndes Gestrüpp selbst die Pfade der Mäuse versperrt, und er sich taumelnd seinen Weg bahnen muss, dann wird er schon erfreut sein, sobald er nur das Geräusch von Schritten vernimmt. Um wieviel mehr wird er froh sein, wenn er neben sich das Husten eines seiner Brüder oder eines anderen Verwandten hört! Nun ist es in der Tat schon lange her, dass an der Seite unseres Fürsten die Worte und das Husten eines Wahren Menschen zu vernehmen waren!« *Zhuangzi*

Von der Größe des Kleinen

Auch ein Härchen ist Teil des Ganzen

Yang Zhu sprach:

»Der Fürst Bocheng Zigao hätte nicht ein Härchen an seinem Körper geopfert, um anderen zu nutzen. Aus diesem Grund kehrte er seinem Reich eines Tages den Rücken zu, zog sich in die Einsamkeit zurück und bestellte fortan nur noch für sich selbst seinen Acker. Der berühmte Herrscher Yu hingegen kümmerte sich nicht im geringsten um den eigenen Nutzen. Aber als Folge davon rieb er sich so auf, dass er am ganzen Körper bis auf die Knochen abmagerte. Im Altertum traten Menschen auf, die wollten nicht auf ein Härchen ihres Körpers verzichten, selbst wenn sie auf diese Weise der ganzen Welt Rettung gebracht hätten. Und hätte man ihnen die Herrschaft über die Welt als Geschenk angeboten, so hätten sie dies zurückgewiesen. Wenn niemand auch nur auf eines seiner Härchen verzichten würde und niemand der ganzen Welt Nutzen bringen wollte, dann könnte die Welt wahrlich in Ordnung gebracht werden!«

Meister Qin, der ein Schüler des Philosophen Mo Di gewesen war, fragte daraufhin Yang Zhu:

»Aber wenn du nur ein einziges Haar an deinem Körper hergeben müsstest, um der Welt damit zu helfen, würdest du das dann etwa nicht tun?«

Meister Yang wehrte ab:

»Der Welt kann man doch nicht mit einem Haar helfen.«

Meister Qin ließ nicht locker und sagte:

»Aber einmal angenommen, du könntest der Welt damit helfen, würdest du dann dazu bereit sein?«

Darauf gab Meister Yang keine Antwort.

Meister Qin ging fort und sprach darüber mit Meng Sunyang, dem Schüler des Yang Zhu.

Meng Sunyang versuchte es ihm zu erklären:

»Du verstehst die Gedanken des Meisters nicht. Gestatte, dass ich sie dir verdeutliche. Wenn man dir dafür, dass du dir die Haut ritzen lässt, zehntausend Goldstücke anbieten würde, würdest du darauf eingehen?«

Meister Qin erwiderte:

»Das würde ich.«

Meng Sunyang fuhr fort:

»Wenn du nun dafür, dass du dir ein Glied deines Körpers abschlagen ließest, ein ganzes Reich erlangen könntest, würdest du auch damit einverstanden sein?«

Meister Qin antwortete nicht und verfiel in Schweigen.

Da sagte Meng Sunyang:

»Ein Haar ist weniger als ein Stück Haut und ein Stück Haut ist weniger als ein Körperglied. Das ist offensichtlich. Doch handelt es sich bei dem Vergleich von Haar und Haut, Haut und Glied nur um Unterschiede der Quantität. Tatsächlich ist ein Haar ein äußerst winziger Teil des gesamten Körpers. Aber darf man es deshalb einfach geringschätzen?«

Meister Qin rief aus:

»Was soll ich darauf antworten? Doch ist es nicht so: Wenn man zu dem, was du gerade gesagt hast, den Lao Dan oder den Guan Yin befragen würde, die lehrten, man solle nur den eigenen Körper schätzen und den anderer gering achteten, so würden sie dir gewiß zustimmen. Aber würde man hingegen den mächtigen Herrscher Yu oder den Philosophen Mo Di dazu befragen, die lehrten, man solle sich selbst vernachlässigen und anderen helfen, dann würden sie mit Sicherheit mir recht geben.«

Meng Sunyang jedoch erwiderte darauf nichts mehr, sondern wandte sich seinen Schülern zu und fing an, mit ihnen über etwas anderes zu sprechen. *Liezi*

Eine Stunde bewusst und freudvoll leben

Yang Zhu sprach:

»Hundert Jahre bilden die höchste Spanne selbst eines langen Lebens. Doch unter tausend Menschen erreicht in Wirklichkeit nicht einer ein so hohes Alter. Gehen wir aber einmal davon aus, es gäbe einen solchen Menschen, dann würden die Jahre, in denen er als Kind auf die Fürsorge anderer angewiesen ist, und die Jahre, in denen er als alter Mensch schon nicht mehr beieinander ist, schon alleine die Hälfte seiner gesamten Lebenszeit verbrauchen. Von den restlichen Jahren würde die Hälfte auf den nächtlichen Schlaf und das Vergeuden von Zeit während des Wachseins am Tag fallen. Schmerzen und Krankheit, Trauer und Leid, Verlust und Misserfolg, Kummer und Sorgen würden von dem Rest nochmals die Hälfte wegnehmen. Und innerhalb der nun noch verbleibenden zehn Jahre würde die Zeit, in der er wirklich bewusst freudevoll und selbstzufrieden und frei von Sorgen wäre, nicht einmal eine Stunde ausmachen.

Was bedeutet das für das Leben des Menschen? Welche Freude gibt es darin überhaupt?

Nun könnte man behaupten, es gibt doch schöne Dinge und Überfluss; und es gibt Musik und begehrenswerte Frauen. Aber schöne Dinge und Überfluss können einen auf Dauer nicht zufrieden stellen; und Musik und begehrenswerte Frauen kann man auch nicht ohne Unterlass genießen.

Und ist man im Leben nicht Hemmnissen und Antrieben ausgesetzt oder dem Hin und Her von Ermutigungen und Entmutigungen? Man drängt und wetteifert im Leben nach eitlem Lob, um nach dem Tod übermäßigen Glanz zu erlangen. Darum ist man zurückhaltend bei dem, was einem die Sinnesorgane bieten und vorsichtig bei dem, was der Körper begehrt oder ablehnt. Auf diese Weise beraubt man sich der höchsten Freude des Augenblicks und kann selbst eine Stunde nicht frei und ungezwungen sein. Worin unterscheidet sich dieses Leben noch von dem eines in Fesseln und Handschellen gelegten Gefangenen?

Die Menschen im hohen Altertum wussten, wie flüchtig das Leben ist und wie schnell der Tod herbei kommt. Darum folgten sie nur ihrem Gefühl und widersetzten sich nicht dem, was sie spontan begehrten. Und was ihrem Körper gerade gefiel, das hielten sie fest. Aus diesem Grund wurden sie nicht von dem Drang nach Ruhm getrieben. Sie ließen sich von dem treiben, was ihr natürliches Wesen erstrebte und widersetzten sich nicht dem, was die unzähligen Dinge verlangten. Ehrungen nach dem Tod, waren nicht das, was sie erreichen wollten. Darum ließ sie auch die Drohung vor Strafen ungerührt. Ruhm und Lob im Leben und im Tod oder die Anzahl ihrer Lebensjahre, all das zählte für sie nicht. *Liezi*

*

Die Genüsse des ganzen Lebens ausschöpfen

Als Zichan Kanzler in Zheng wurde, bestimmte er ganz alleine die Geschicke des Staates. Nach drei Jahren folgten die Guten seinem Einfluss und erzitterten die Schlechten vor seinen Verboten. Es herrschte Ordnung in Zheng und die Fürsten aller anderen Staaten fürchteten ihn. Aber er besaß einen älteren Bruder namens Gongsun Zhao und einen jüngeren Bruder namens Gongsun Mu. Zhao liebte den Wein und Mu liebte die Frauen.

Im Haus des Zhao stapelten sich Tausende von Weinkrügen und häufte sich bergeweise die Hefe. Näherte man sich seinem Haus auf hundert Schritte, dann stieg einem sogleich der Gestank von Hefe und Wein abstoßend in die Nase. Er war einfach zügellos in seinem Genuss von Wein. Das Schicksal der Welt, das Zeigen von Reue, der Besitz oder Nichtbesitz von Dingen in seinem Haus, die Gefühle der Zuneigung oder Abneigung ebenso wie die Gefühle der Trauer oder Freude seiner Familie interessierten ihn nicht. Ja, selbst wenn er von Wasser, Feuer und Waffen gleichzeitig bedroht worden wäre, es hätte ihn nicht im Geringsten gekümmert.

Mu besaß im hinteren Teil seines Hauses Dutzende von Räumen, die alle mit auserlesenen jungen Frauen gefüllt waren. Er war so lüstern nach schönen Frauen, dass er Verwandte und Freunde durch sein Verhalten vergraulte und mit ihnen brach, nur um sich ungestört mit seinen Frauen amüsieren zu können. Er verschwand einfach in den hinteren Teil seines Hauses und suchte bei Tag und bei Nacht seine Befriedigung. Und wenn er in drei Monaten vielleicht einmal aus den hinteren Gemächern heraus musste, fühlte er sich sogleich unglücklich. Gab es irgendwo in der Gegend eine schöne verführerische Frau, versuchte er sie entweder durch Geld zu locken oder über Kupplerinnen um sie zu werben. Er setzte alles daran, die Schöne für sich zu gewinnen.

Über das Verhalten seiner Brüder war Zichan Tag und Nacht betrübt. Heimlich ging er darum zu Dengxi und bat ihn um Rat:

»Ich habe gehört, dass man zuerst sich selbst in Ordnung bringen muss und dann seine Familie ordnen kann. Hat man die Familie geordnet, kann man danach den ganzen Staat ordnen. Dies besagt doch, dass man mit dem, das einem am nächsten ist, beginnen und dann zum Entfernteren fortschreiten muss. Ich habe den Staat geordnet, aber in meiner Familie herrscht Unordnung. Steht das nicht im Widerspruch zum tao? Wie nun kann ich meinen beiden Brüdern helfen? Kannst du mir dazu nicht einen Rat geben?«

Dengxi antwortete:

»Ich habe mich schon lange darüber gewundert, wagte es aber nicht, dich von mir aus darauf anzusprechen. Nun, solltest du nicht alles daran setzen, deine beiden Brüder schnell zur Ordnung zu bringen, ihnen die Bedeutung des Lebens zu erläutern und sie zur Beachtung des guten Benehmens ermuntern?«

Zichan übernahm den Rat des Dengxi und als er von seinen Geschäften etwas Zeit hatte, suchte er sogleich seine Brüder auf und sprach zu ihnen:

»Das, was die Menschen wertvoller als die Tiere macht, ist ihr Verstand. Das, womit der Verstand sich befassen soll, ist das gute Benehmen. Ist das vollendet, dann erlangt man Ruhm und Stellung. Lässt man sich aber einzig von seinen Gefühlen leiten und gibt sich völlig der Wollust hin, dann gerät das Leben in Gefahr. Wenn ihr darum meinen Rat annehmt und am Morgen euer ganzes Fehlverhalten bereut, dann könntet ihr euch noch am gleichen Abend an dem Gehalt eines Beamten erfreuen.«

Darauf erwiderten Zhao und Mu:

»Das alles wissen wir schon seit geraumer Zeit und haben uns auch längst entschieden. Glaubst du wirklich, dass wir nur auf deine Mahnungen gewartet haben, um das zu verstehen? Im Leben begegnen einem wahrlich viele Härten und wie leicht kann einen der Tod ereilen. Wenn wir nun im Leben bis zu dem immer drohenden

Tod nur auf Härten stoßen, kann denn das der Sinn unseres Lebens sein? Falls wir also jedes Mal auf gutes Benehmen achteten, um damit vor anderen zu prahlen, oder Gefühle und natürliche Triebe unterdrückten, um Ruhm zu erlangen, wären wir dann nicht selbst wie Tote? Wir streben hingegen danach, die Genüsse des ganzen Lebens voll auszuschöpfen und die Freuden des Augenblicks ausgiebig zu genießen. Was uns deshalb alleine Kummer bereitet, ist, dass wir, wenn unser Bauch voll ist, nicht mehr weiter saufen können, oder wenn unsere Kräfte erschöpft sind, wir nicht mehr zügellos unserer Begierde nach schönen Frauen frönen können. Wir sorgen uns nicht darum, dass unser Name in Verruf oder unser Leben in Gefahr geraten könnte. Du willst damit, dass du den Staat geordnet hast, doch nur vor anderen prahlen und strebst jetzt danach, mit deinem Geschwätz unsere Herzen zu verwirren. Ist es nicht wirklich schäbig und erbärmlich, wenn du uns mit üppigen Beamtengehältern ködern willst? Und nun wollen wir dir einmal einen Rat erteilen: Wenn einer fähig ist, nach außen Ordnung zu schaffen, dann muss das nicht bedeuten, dass es ihm tatsächlich gelingt, die Dinge zu ordnen. All sein Tun bereitet ihm unendlich viel Mühsal. Und wenn einer fähig ist, in seinem Inneren Ordnung zu schaffen, dann muss das nicht unbedingt bedeuten, dass er andere Dinge in Unordnung bringt. Aber in seinem Inneren, da wird er sich wohl fühlen. Die Methode, mit der du nach außen Ordnung geschaffen hast, mag zeitweise in einem Staat anwendbar sein, aber sie ist nicht im Einklang mit den wahren Gefühlen der Menschen. Die Art, wie wir unser Inneres geordnet haben, könnte hingegen auf die ganze Welt ausgebreitet werden. Auf diese Weise würde das tao von Herrscher und Untertanen zur Ruhe kommen. Diese

Kunst wollten wir dich schon seit langem lehren, aber nun kommst tatsächlich du daher und versuchst, uns deine Kunst nahezubringen!«

Zichan täuschte plötzlich vor, noch etwas Dringendes erledigen zu müssen, denn er konnte den beiden auf diese Worte nichts mehr erwidern.

Am nächsten Tag erzählte er Dengxi von dem Gespräch. Dieser sagte:

»Du lebst mit Wahren Menschen zusammen und weißt es nicht? Wie könnte darum jemand behaupten, dass du weise bist? Dass im Staat Zheng Ordnung herrscht, ist nur ein Zufall. Mit deinen Fähigkeiten hat das nichts zu tun.« *Liezi*

*

Dann nahm er den Opferwein

Liu Ling, der ein begeisterter Weintrinker war, hatte wieder einmal einen gewaltigen Brummschädel. Außerdem verspürte er einen ordentlichen Nachdurst. Also forderte er seine Frau auf, ihm Wein herbeizuschaffen. Doch diese hatte vorher den gesamten Weinvorrat weggeschüttet und die Weinkrüge zu Bruch geschlagen. Nun redete sie unter Tränen auf ihn ein:

»Du trinkst viel zu viel Wein! Es wird dich töten, wenn du dem nicht endlich Einhalt gebietest!«

Da erwiderte Liu Ling:

»Der Gedanke ist wirklich gut. Aber das Problem ist, dass ich nicht in der Lage bin, von alleine mit dem Weintrinken aufzuhören. Doch ich bin mir sicher, dass ich es schaffe, wenn ich die Ahnengeister bitte, mir dabei zu helfen, und ich vor ihnen hoch und heilig schwöre, dass nun mit dem Zechen ein für allemal Schluss sei. Trage darum Opferwein und Opferfleisch herbei und stelle alles auf unseren Hausaltar.«

Seine Ehefrau war von diesem Vorschlag begeistert und plazierte Wein und Fleisch auf dem Altar vor den Bildern der Ahnengeister. Dann forderte sie ihren Mann auf, zu beten und seinen heiligen Schwur zu leisten. Tatsächlich kniete sich Liu Ling nieder und begann zu murmeln:

»Vom Himmel wurde ich erzeugt, und er machte den Wein zu meinem Schicksal.

Mit nur einem Schluck kann ich einen ganzen Krug leer saufen.

Aber ich brauche nur fünf Schalen, um jetzt meinen Durst zu löschen.

Ihr Götter, ich bitte Euch darum, nicht auf das Gezeter meiner Frau zu achten!«

Dann nahm er den Opferwein und trank ihn aus, ergriff das Opferfleisch und verspeiste es. Und bevor er noch weiter darüber nachdenken konnte, war er schon wieder betrunken. *Neue Aufzeichnungen der Geschichten der Welt*

*

Ein Leben für den Augenblick

Zhang Han verhielt sich immer so, wie es ihm gerade gefiel. Seine Zeitgenossen gaben ihm, weil er sie an Ruan Ji, einem der Sieben Weisen vom Bambushain, erinnerte, den Spitznamen ›Ruan Ji vom Osten des Yangtse-Flusses‹.

Eines Tages fragte ihn jemand:

»Glaubst du, dass es richtig ist, wenn du immer nur das machst, was dir gefällt und einzig für den Augenblick lebst, so als wäre es völlig unwichtig, sich durch Taten einen Ruf zu erwerben, der auch nach dem Tod noch fortbesteht?«

Da erwiderte Zhang Han nur:

»Mir einen Namen zu machen, der nach meinem Ableben in vieler Munde ist, ist doch für mich längst nicht so erstrebenswert, wie ein mit Wein gefüllter Becher, den ich genau in diesem Moment leeren kann.«

Neue Aufzeichnungen der Geschichten der Welt

*

Die unverdorbene Stimmung

Xi Kang, Ruan Ji, Shan Tao und Liu Ling saßen in ihrem Bambushain und gaben sich dem Genuss des Weines hin. Sie hatten schon ordentlich gebechert, als einige Zeit später noch Wang Rong zu ihnen stieß.

Als Ruan Ji ihn erblickte, rief er aus:

»Da kommt wieder dieser gewöhnliche Bursche, der uns die Stimmung verderben will!«

Wang Rong aber erwiderte lachend:

»Willst du damit etwa sagen, dass eure Stimmung etwas ist, das man verderben kann?«

Neue Aufzeichnungen der Geschichten der Welt

*

Was ist gewiss?

Yang Zhu sprach:

»Die Taten des hohen Altertums sind allesamt vergangen. Wer kann sich überhaupt noch an sie erinnern? Die

Taten der Drei Erhabenen werden manchmal bewahrt und manchmal vergessen; die Taten der Fünf Herrscher erscheinen manchmal wie wahr und manchmal wie ein Traum. Die Taten der Drei Könige sind manchmal verborgen und manchmal offenbar. Von hunderttausend dieser Taten ist uns darum heute nicht eine einzige wirklich unzweifelhaft.

Selbst bei den Taten, die man während seines bisherigen Lebens manchmal gehört oder manchmal gesehen hat, ist es doch so, dass jetzt von zehntausend nicht eine mehr gewiss ist. Sogar bei den Taten, die direkt vor unseren Augen geschehen, kommt es schließlich darauf an, ob sie dauern oder wieder vergehen, so dass selbst bei ihnen schon bald von tausend nicht eine wirklich gewiss ist.

Vom hohen Altertum bis heute sind so viele Jahre verstrichen, dass man sie nicht mehr zählen kann. Seit der Zeit des Herrschers Fuxi sind viele tausend Jahre ins Land gezogen. Kluge und Dumme, Gute und Schlechte, Sieger und Verlierer, Gerechte und Ungerechte, sie alle sind seitdem vergangen und unterscheiden sich nur dadurch, dass die Lebenszeit des einen langsamer und die des anderen schneller verflogen ist. Das ganze Leben lang auf den guten Ruf achten müssen und seinem Geist und seinem Körper Mühsal bereiten, nur damit man sich vielleicht für mehrere hundert Jahre nach dem Tod Ruhm erwirbt, kann das genügen, die zerfallenen Gebeine wieder zu kräftigen? Und wo bleibt denn bei all dem die Freude des Lebens?« *Liezi*

*

Wer sich nicht gegen sein Schicksal stellt

Yang Zhu sprach:

»Dass die Menschen im Leben keine Ruhe finden, dafür gibt es vier Gründe. Der erste ist das Streben nach einem langen Leben; der zweite ist das Streben nach Ruhm; der dritte ist das Streben nach einem Rang und der vierte ist das Streben nach materiellen Gütern. Denn selbst wenn die Menschen diese Ziele erreicht haben, fürchten sie die Geister, andere Menschen, die Mächtigen und die Strafen. Menschen, die nach diesen Zielen streben, nennt man darum die vom tao abweichenden Menschen. Man kann sie töten oder am Leben lassen. Ihr Schicksal wird sowieso nur von Äußerem bestimmt.

Aber wer sich nicht gegen sein Schicksal stellt, wie könnte der ein langes Leben begehren? Wer sich nicht um Würden kümmert, wie könnte der Ruhm begehren? Wer keine Macht will, wie könnte der einen Rang begehren? Wer nicht nach Reichtum giert, wie könnte der materielle Güter begehren? Menschen, die sich so verhalten, nennt man dem tao folgende Menschen. Auf der ganzen Welt gibt es nichts, das zu ihnen im Widerspruch ist, denn ihr Schicksal wird von ihrem inneren Wesen bestimmt.«

Liezi

*

Die Schildkröte und die Freiheit

Als Meister Zhuang einmal im Pu-Fluss angelte, da kamen zwei vom Fürsten des Staates Chu gesandte Würdenträger zu ihm und sprachen:

»Der Herrscher wünscht, dass Ihr in seinem Reich das Amt des Kanzlers übernehmt.«

Meister Zhuang behielt seine Angelrute fest in der Hand und ohne sich umzuwenden erwiderte er:

»Ich habe gehört, dass es im Staat Chu eine göttliche Schildkröte geben soll, die schon seit mehr als dreitausend Jahren tot ist. Der Fürst soll sie in kostbare Tüchern eingewickelt und in einen Kasten gestellt haben und in einer Tempelhalle aufbewahren. Nun, was meint ihr, würde diese Schildkröte es lieber vorziehen, tot zu sein und ihre Überreste verehren zu lassen, oder würde sie es vorziehen, am Leben zu sein und ihren Schwanz durch den Schlamm zu ziehen?«

Die beiden Würdenträger antworteten:

»Sie würde es natürlich vorziehen, zu leben und ihren Schwanz durch den Schlamm zu ziehen.«

Da sagte Meister Zhuang:

»Also geht und lasst mich zufrieden! Denn auch ich möchte meinen Schwanz durch den Schlamm ziehen.«

Zhuangzi

*

Das verunreinigte Wasser

Zur Zeit des Herrschers Yao gab es einen Mann, der sich in die Einsamkeit zurückgezogen hatte und der von allen als ›im Nest wohnender Alter‹ bezeichnet wurde. Er hatte tatsächlich schon viele Jahre auf dem Buckel und sich in der Wildnis auf einem Baum ein Nest gebaut, in das er, wenn er müde war, hineinkletterte.

Damals war Xu You der Lehrer des Herrschers Yao. Yao hätte dem Lehrer gerne die Regierung des Reiches übertragen, darum sprach er eines Tages zu ihm:

»Wenn du der Herrscher des Reiches wärest, dann würde überall Harmonie herrschen.«

Aber Xu You entgegnete nur:

»Warum sollte ich nach Ruhm streben? Denn Ruhm ist doch nichts anderes als ein Schatten der Wirklichkeit. Soll ich etwa einen Schatten begehren?«

Daraufhin verließ er den Herrscher und zog sich in die Sümpfe zurück. Dort traf er den ›im Nest wohnenden Alten‹ und erzählte diesem, was ihm widerfahren war.

Der Alte aber rief aus:

»Aus welchem Grund hast du nicht schon von Anfang an ein zurückgezogenes Leben geführt und deine Fähigkeiten vor anderen verborgen gehalten? Du kannst nicht mein Gefährte sein!«

Mit diesen Worten verpasste der Alte dem Xu You einen Schlag auf den Rücken und vertrieb ihn aus seinem Nest. Xu You lief eiligst davon. Er war völlig erschrocken. Schließlich gelangte er an einen Bach, wo er sich Augen und Ohren reinigte. Währenddessen murmelte er vor sich hin:

»Die Worte des Herrschers Yao, die in mein Ohr gedrungen sind, haben dem Alten nicht gefallen.«

Dann setzte er seinen Weg fort und niemand hat ihn seitdem mehr gesehen.

Der ›im Nest wohnende Alte‹ hatte nach dieser Begegnung ebenfalls das Gefühl, dass seine Ohren durch das, was er von Xu You gehört hatte, beschmutzt worden seien. Darum ging auch er zu einem Bach, um sich zu reinigen. Doch während er sich wusch, rief der Geist des Baches zornig aus:

»Wie kannst du es wagen, mein Wasser derart zu verunreinigen!«

Vom Leben weiser Männer

*

Das Glück und die Räuber

Ziqi besaß acht Söhne, die er eines Tages in Reih und Glied vor sich antreten ließ. Dann bat er den Jiu Fangyin herbei, der sich darauf verstand, aus Gesichtern die Zukunft eines Menschen zu lesen, und sprach zu ihm:

»Schau dir meine Söhne an und sage mir voraus, wer von ihnen einmal der glücklichste sein wird.«

Jiu Fangyin antwortete:

»Dein Sohn Kun wird der glücklichste sein.«

Ziqi sah ihn zuerst erstaunt an, fragte dann aber erfreut:

»Wieso gerade er?«

»Kun wird mit dem Fürsten eines Staates bis an sein Lebensende gemeinsam speisen.«

Aber Jiu Fangyin kamen, nachdem er das vernommen hatte, die Tränen und schluchzend rief er aus:

»Was hat mein Sohn nur angerichtet, dass es so schlimm mit ihm werden wird?«

Jiu Fangyin entgegnete verwundert:

»Aber wenn jemand mit dem Fürst eines Staates speisen darf, dann bedeutet das doch auch Wohltaten für seine gesamte Sippe, von seinem Vater und seiner Mutter einmal ganz zu schweigen! Du jedoch brichst in Tränen aus, nachdem du meine Prophezeiung vernommen hast, und wehrst dich gegen das Glück. Also bist du unglücklich, wenn dein Sohn glücklich ist.«

Ziqi rief aus:

»Ach, du kannst das nur nicht richtig verstehen. Denn was ist das, was du für meinen Sohn Kun Glück nennst? Es bedeutet doch nichts anderes, als dass er sich ausschließlich dem Genuss von Wein und Fleisch hingibt und nur dem frönt, was Nase und Mund begehren, ohne zu wissen, warum ihm das alles zukommt. Angenommen in der Südwestecke meines Hauses brächte ein Schaf ein Junges zur Welt, obwohl ich selbst kein Schafhirte bin, oder in der Nordwestecke meines Hauses brütete eine Wachtel ihre Eier aus, obwohl ich selbst kein Wachteljäger bin, würdest du das nicht auch als schlechte Vorzeichen deuten und fragen, woher dies kommt? Ich aber möchte mit meinen Söhnen umherstreifen und in der Welt sorglos wandeln, mich am Himmel erfreuen und die Erde genießen. Weder will ich mit ihnen Taten vollbringen noch Pläne schmieden noch mit verwerflichen Dingen zu tun haben, sondern vielmehr dem Wesen von Himmel und Erde folgen und vermeiden, in die weltlichen Dinge verstrickt zu werden. Treiben lassen will ich mich mit ihnen und von den weltlichen Angelegenheiten unberührt bleiben. Wozu also brauchen wir weltlichen Lohn? Doch auf ungewöhnliche Prophezeiungen folgen immer ungewöhnliche Ereignisse. Und das bedeutet Gefahr! Die Schuld dafür liegt jedoch nicht bei mir oder meinen Söhnen. Es ist wohl vom Schicksal so bestimmt! Das ist der Grund, warum ich weine.«

Es dauerte nicht lange, da schickte der Vater seinen Sohn Kun zum Staat Yan. Aber unterwegs lauerten diesem Räuber auf und ergriffen ihn. Die Räuber kamen überein, dass, wenn sie ihn unversehrt ließen, er ihnen beim Verkauf weniger einbringen würde, als wenn sie ihm die Füße abhackten, da er so seinem Herrn nicht weglaufen könnte. Also taten sie es und verkauften ihn im Staat Qi. Dort wurde Kun Straßenaufseher für einen wohlhabenden Mann und hatte bis an sein Lebensende immer genug zu essen.

Zhuangzi

Wir lachen über die Gelehrten

Für ihn gibt es weder Süden noch Norden

Der Gelehrte Gongsun Long fragte den Fürstensohn Mao aus dem Staat Wei:

»Seit meiner Kindheit habe ich das tao der früheren weisen Könige emsig studiert und seit ich erwachsen bin, verstehe ich es, im Einklang mit den sittlichen Prinzipien der Mitmenschlichkeit und der Rechtschaffenheit zu handeln. Ich bin heute in der Lage, Gleiches und Verschiedenes zusammenzubringen und Begriffe und Dinge voneinander zu trennen. Darum kenne ich den Unterschied von Sein und Nichtsein, Möglichem und Nichtmöglichem. Und bei dem wahrlich nicht leichten Studium der Weisheiten der vielen philosophischen Schulen und bei dem schwierigen Verstehen der Redekünste anderer Gelehrter habe ich es bis zur höchsten Stufe gebracht. Doch als ich heute die Worte des Meisters Zhuang vernommen habe, bin ich davon sogleich in Erstaunen und Verwirrung versetzt worden. Ich frage mich nun, ob er mit seinen Reden die Dinge wirklich trifft oder ob ich ihn trotz meiner Gelehrsamkeit nur nicht richtig verstehe? Im Augenblick weiß ich jedenfalls nicht so recht, was ich dazu sagen soll. Darum möchte ich es wagen, Euch nach seiner Kunst oder was immer es sein mag zu befragen.«

Als der Fürstensohn Mao das hörte, stemmte er erst einmal seine Arme auf den Tisch, atmete tief durch, richtete dabei seinen Blick zum Himmel und rief aus:

»Hast du etwa noch nie die Geschichte von dem Frosch gehört, der in einem alten Brunnen haust? Nun, dann will ich sie dir einmal erzählen:

Also, der Brunnenfrosch sprach eines Tages zu der Schildkröte vom Ostmeer:

›Wie froh und zufrieden ich doch sein kann! Ich springe aus dem Brunnen heraus, um mich auf seinen Rand zu setzen, und dann springe ich wieder hinein, um auf den zerbröckelnden Steinen der Brunnenwand auszuruhen. Wenn ich im Wasser bin, dann lasse ich mich einfach darin treiben und wenn ich durch den Schlamm am Grund wate, dann lasse ich meine Füße völlig darin versinken. Wenn ich all die Mückenlarven und Kaulquappen um mich herum betrachte, so muss ich zufrieden feststellen, dass keine von ihnen über die gleichen Fähigkeiten verfügt, wie ich sie besitze. Auf diese Weise das Wasser eines Brunnenlochs sein eigen zu nennen und mit weit ausgestreckten Beinen die Freuden des Brunnens zu genießen, gibt es etwas Herrlicheres? Warum kommst du nicht einfach herein, um dir das einmal anzusehen?‹

Aber die Schildkröte vom Ostmeer hatte noch nicht ihren linken Fuß in das Wasser des Brunnens gesteckt, da blieb sie mit dem rechten Fuß schon an irgendeinem Hindernis hängen. Daraufhin wich sie erschrocken zurück und zog es lieber vor oben zu bleiben und vom Ostmeer zu sprechen:

›Die Weite von tausend li* genügt nicht, um die Fläche des Ostmeeres abzudecken; und würde man tausend ren** in die Tiefe gehen, so reichte das nicht aus, um an seinen Grund zu gelangen. Als während eines Jahrzehnts der Herrschaft des Yu neun Jahre lang eine gewaltige Flut das ganze Land überschwemmte, da stieg der Wasserspiegel des Ostmeeres nicht ein Stück in die Höhe; und als zur Zeit des Königs Tang sieben Jahre lang

* 1 li = ca. 500 Meter.

** 1 ren = ca. 2,20 Meter.

schreckliche Dürren das Land plagten, da ging das Wasser des Ostmeeres an den Ufern nicht ein Stück weit zurück. Keinen kürzeren oder längeren Veränderungen unterworfen zu sein und nicht durch mehr oder weniger Regen den Wasserspiegel heben oder senken zu müssen, das ist die große Freude des Ostmeeres.‹

Nachdem der Brunnenfrosch das gehört hatte, bekam er einen gewaltigen Schreck und kam sich ganz klein vor.

Nun ist dein Wissen so, dass du nicht einmal den Unterschied von Richtigem und Falschem wirklich kennst, und doch maßt du dir an, über die Worte des Meisters Zhuang Betrachtungen anzustellen. Das ist doch so, als würde eine Mücke einen Berg tragen oder ein kleiner Käfer über die Wasserfläche des Gelben Flusses krabbeln wollen. Glaubst du nicht auch, dass das unweigerlich ihre Fähigkeiten übertreffen würde? Da also dein Wissen nicht genügt, die grenzenlosen und wunderbaren Worte des Meisters Zhuang zu verstehen, und dich bei deiner Gelehrsamkeit nur der zeitweilige Vorteil antreibt, bist du darum nicht ebenso beschränkt wie der Frosch im Brunnen? Meister Zhuang hingegen steigt hinab bis zu den Gelben Quellen und hinauf bis zu den höchsten Sphären. Für ihn gibt es weder Süden noch Norden. Er ist ohne Begrenzung, gelangt in alle Himmelsrichtungen und dringt bis in unergründliche Tiefen vor. Für ihn gibt es weder Osten noch Westen. Er beginnt im Verborgenen und Geheimnisvollen und wendet sich zurück zum alles Durchdringenden. Wenn du nun aber unbedingt meinst, du müsstest ihn ergründen und mit mir über ihn disputieren, dann ist das so, als wollte jemand durch eine Röhre den ganzen Himmel betrachten oder mit einer Ahle die gesamte Erde aufwühlen. Sind diese Gegenstände dafür nicht zu klein? Darum gehe lieber fort!

Oder hast du nicht von den jungen Leuten aus dem Dorf Shouling gehört, die lernen wollten, auf welche Weise man in der Hauptstadt Handan geht? Sie hatten, nachdem sie in Handan angekommen waren, diese Fähigkeit noch nicht erworben, da hatten sie schon vergessen, wie sie früher in Shouling gegangen sind. Zuletzt blieb ihnen nichts anderes übrig, als auf allen Vieren kriechend wieder in ihren Heimatort zurückzukehren. Wenn du nicht fortgehst, dann wirst auch du deine ursprünglichen Fähigkeiten gänzlich vergessen und verlieren!«

Gongsun Long war über diese Worte so verwirrt, dass er den Mund nicht mehr schließen konnte und nur noch zusah, schleunigst das Weite zu suchen. *Zhuangzi*

*

Die Entfernung der Sonne

Während der Zeit, in der Konfuzius im Osten umherwanderte, stieß er einmal auf zwei heftig miteinander streitende kleine Jungen. Als er sie nach dem Grund ihrer Auseinandersetzung fragte, antwortete einer der beiden:

»Ich bin der Meinung, dass uns die Sonne, wenn sie am frühen Morgen am Horizont aufgeht, am nächsten ist, und dass sie, wenn sie mittags oben am Himmel steht, am weitesten von uns entfernt sein muss. Mein Freund hingegen behauptet, dass die Sonne in der Zeit ihres Aufgehens am weitesten von uns entfernt sei und dass sie erst am Mittag die geringste Entfernung zu uns aufweise. Nun ist doch wohl nicht zu bestreiten, dass die Sonne, wenn sie sich über den Horizont erhebt, so groß wie ein rundes Wagendach ist und am Mittag nur noch die Größe einer Schüssel hat. Ist es nicht aber so, dass ein Gegenstand wie die Sonne kleiner erscheint, wenn er weiter von uns entfernt ist, und größer, wenn er uns näher ist?«

Darauf erwiderte der andere Junge:

»Wenn die Sonne am Morgen aufgeht, dann ist einem noch kühl und frisch, aber wenn sie mittags am Himmel steht, fühlt man sich, als würde man in heißes Wasser getaucht. Und ist es nicht so, dass ein Gegenstand wie die Sonne, wenn er näher ist, uns wärmer und wenn er entfernter ist, uns kälter erscheint?«

Konfuzius war ratlos und konnte nicht entscheiden, wer von ihnen recht hatte.

Da brachen die beiden kleinen Jungen in Gelächter aus und riefen:

»Wie könnte nur jemand glauben, dass einer wie du über großes Wissen verfügst?« *Liezi*

*

Du bist einfach viel zu sehr bemüht

Konfuzius wanderte einmal im Schwarzer-Vorhang-Wald umher und ließ sich dann zum Ausruhen auf einem Hügelplateau mit dem Namen ›Aprikosenaltar‹ nieder. Während seine Schüler anfingen, Bücher zu lesen, machte er sich daran, die Zither zu schlagen und ein Lied zu singen. Er hatte noch nicht die Hälfte des Liedes gespielt, als ein alter Fischer auftauchte, der aus seinem Boot heraus stieg und sich ihnen näherte. Sein Bart und seine Augenbrauen waren weiß, unter seinem offen herabfallenden Haar bewegten sich die Ärmel seines Gewandes auf und nieder. So stieg er vom Ufer hoch, blieb aber in einiger Entfernung von ihnen stehen. Die linke Hand auf das Knie gelegt und mit der rechten Hand das Kinn gestützt, lauschte er der Musik. Als das Lied zu Ende war, winkte er die beiden Schüler des Konfuzius Zigong und Zilu zu sich heran, um mit ihnen zu sprechen.

Auf Konfuzius weisend, fragte er:

»Wer ist das?«

Zilu antwortete:

»Das ist der Edle von Lu.«

Der Fischer erkundigte sich nach seiner Sippe.

Zilu sagte:

»Er gehört zur Sippe der Kong.«

Der Fischer fragte:

»Und was macht dieser Mann aus der Sippe der Kong?«

Noch bevor Zilu etwas erwidern konnte, antwortete Zigong:

»Dieser Mann aus der Sippe der Kong folgt in seinem Wesen den Prinzipien der Loyalität und der Glaubwürdigkeit, er handelt nach den Prinzipien der Mitmenschlichkeit und Rechtschaffenheit, er verschönert alles mit den Riten und der rituellen Musik und er regelt die Beziehungen zwischen den Menschen. Gegenüber den Herrschern ist er loyal und dem Volk vermittelt er durch seinen Einfluss Ordnung. Auf diese Weise bringt er der Welt Gewinn. Das ist es, was der Mann aus der Sippe der Kong macht!«

Der Fischer erkundigte sich weiter:

»Ist er der Fürst eines Gebietes?«

Zigong antwortete:

»Nein.«

»Ist er Berater eines Königs oder eines Fürsten?«

Zigong erwiderte:

»Nein.«

Da fing der alte Fischer zu lachen an. Und als er sich umwandte, um zu gehen, sagte er noch:

»Mitmenschlichkeit, ja, das mag bei ihm Mitmenschlichkeit sein! Aber ich fürchte, es wird mit ihm ein schlimmes Ende nehmen. Wer seinem Herzen solchen Kummer bereitet und seinem Körper solche Mühen auflädt, der bringt das Wahre in Gefahr. Ach, wie weit ist er doch vom tao entfernt!«

Als Zigong daraufhin zu Konfuzius eilte, um ihm von dem Gespräch zu berichten, legte dieser ohne zu zögern sogleich seine Zither zur Seite, sprang auf und rief:

»Das muss ein Weiser sein!«

Dann stürzte er dem alten Fischer nach und konnte ihn noch in dem Augenblick erreichen, als er gerade dabei war, sein Boot vom Ufer abzustoßen und wegzurudern. Als der Fischer sich umdrehte und Konfuzius erblickte, hielt er inne. Konfuzius wich ein wenig zurück, verbeugte sich mehrmals und trat dann wieder vor.

Der Fischer fragte:

»Was willst du von mir?«

Konfuzius erwiderte:

»Mein Herr, was Ihr soeben, bevor Ihr gegangen seid, meinen Schülern gesagt habt, habe ich aufgrund meiner Unwissenheit nicht recht verstanden, dürfte ich darum demütig vor Euch treten und Euren Erklärungen lauschen, damit ich es verstehe?«

Der Fischer sagte:

»Nun, es ist wohl wirklich so, dass du das Lernen liebst!«

Konfuzius verbeugte sich erneut mehrmals, blieb dann aufrecht stehen und sagte:

»Seit meiner Kindheit habe ich das Studium gepflegt.

Nun bin ich 69 Jahre alt, aber die vollendete Lehre habe ich noch immer nicht vernommen, wie könnte ich es da wagen, mein Herz nicht für Eure Worte frei zu machen?«

Der Fischer erwiderte:

»Gleiches folgt Gleichem und man will stets nur das hören, was einem gefällt. Das ist ein natürliches Prinzip. Gestatte mir also, dass ich das, was ich dir sage, deinen Vorstellungen anpasse, damit du es vielleicht verstehst. Ich weiß, dass du dich für die Angelegenheiten der Menschen interessierst, für den König, die Fürsten, die Beamten und das Volk. Wenn sich diese vier von selbst richtig verhalten, dann herrscht zufriedenstellende Ordnung; wenn diese vier sich falsch verhalten, dann herrscht grenzenlose Unordnung. Wenn die Beamten ordentlich ihre Aufgaben erledigen und das Volk sich um seine Angelegenheiten kümmert, dann wird nichts in Unordnung gebracht. Dass die Felder verwildert sind, das Haus beschädigt ist, Kleidung und Essen nicht ausreichen, die Steuern nicht angemessen sind, Ehefrau und Konkubinen miteinander streiten, die Ordnung zwischen den Jüngeren und Älteren nicht funktioniert, das sind die Sorgen des Volkes. Dass die Amtsgeschäfte zu schwierig sind und nicht erledigt werden können, dass manche Angelegenheiten ungeklärt bleiben und die Untergeordneten dem Müßiggang frönen, das Erlangen von Ehrungen und Vergünstigungen und die Festigung der eigenen Position, das sind die Sorgen der Beamten. Dass die Minister ergeben sind, sich im Fürstentum oder in den Familien Aufruhr regt, die Handwerker fleißig sind und die Steuern sprudeln, ihnen bei der Audienz vor dem König Aufmerksamkeit geschenkt wird, das sind die Sorgen der Fürsten. Dass Yin und Yang nicht harmonisch sind, so dass zu falschen Zeiten Kälte oder Hitze auftreten und die natürlichen Güter zerstört werden, dass die Fürsten Aufstände wagen, sich gegenseitig attackieren und das Volk ins Unglück stürzen, die Riten und die rituelle Musik nicht verfälscht werden, die Mittel des Staates versiegt sind und das Volk unmoralisch und rebellisch ist, das sind die Sorgen des Königs und seiner hohen Beamten. Aber du bist weder der Herrscher noch einer der Fürsten und du hast auch keine Aufgabe als hoher Beamter und dennoch glaubst du, mit Riten und ritueller Musik verschönern, die Beziehungen zwischen den Menschen regeln und das Volk durch Vorbild ordnen zu müssen. Sind das nicht etwas zu viele Aufgaben für dich? In der Tat gibt es acht Fehler, die ein Mensch machen kann und vier Übel, die seinen Handlungen anhaften können. Das musst du mit Aufmerksamkeit bedenken. Etwas tun, was nicht die eigene Sache ist, nennt man Übereifer. Sich nach vorne drängen, obwohl man nicht dazu aufgefordert wird, nennt man Kriecherei. Die Meinung eines anderen auskundschaften, um ihm nach dem Mund zu reden, nennt man Einschmeichelei. Reden, ohne darauf zu achten, was wahr und falsch ist, nennt man Dreistigkeit. Mit Freuden über die Fehler anderer sprechen, nennt man Verunglimpfung. Freunde und Verwandte im Stich lassen, nennt man Gemeinheit. Falsch und heuchlerisch Lob aussprechen, um damit anderen Schaden zuzufügen, nennt man Boshaftigkeit. Ohne Rücksicht auf gut oder böse die Wünsche anderer auszuspionieren, nennt man Heimtücke. Diese acht Fehler rufen bei den Mitmenschen Unordnung hervor und bringen einem selbst Schaden. Ein Edler wird sich mit keinem anfreunden, der diese Fehler hat, und der weise Herrscher wird ihn nicht zu seinem Würdenträger machen. Was nun die vier Übel anbetrifft, so wird das Streben nach großen Taten und immer wieder neuen Aufgaben, in der Hoffnung, dadurch Verdienste und Ruhm zu erlangen, als Gier bezeichnet. Sich selbst für unfehlbar halten, selbstherrlich und starrsinnig sein, das nennt man Arroganz. Die eigenen Fehler erkennen, aber sich weigern, sie zu ändern, sich Mahnungen anhören, aber so weitermachen wie zuvor, das nennt man Starrsinn. Wenn andere mit dir übereinstimmen, diese zu loben, aber wenn sie nicht mit dir übereinstimmen, dich weigern, bei ihnen selbst etwas Gutes als gut anzuerkennen, das nennt man Borniertheit. Das sind die vier Übel. Wenn es dir gelänge, die acht Fehler auszumerzen und die vier Übel zu vermeiden, erst dann könnte man damit anfangen, dich zu belehren.«

Als Konfuzius das vernommen hatte, seufzte er laut, verbeugte sich erneut mehrmals und sagte, nachdem er wieder aufrecht zu stehen kam:

»Schon zweimal wurde ich aus meiner Heimat Lu verjagt, in Wei sind meine Fußspuren verwischt, in Song wollte man einen Baum auf mich niederstürzen lassen, in Chen und Cai wurde ich umzingelt. Ich weiß nicht, was ich falsch mache und frage mich, warum mir diese vier Missgeschicke widerfahren sind?«

Der alte Fischer machte eine bekümmerte Miene und erwiderte:

»Es ist schlimm mit dir, du begreifst nicht, worum es geht! Nun, es gab einmal einen Mann, der sich vor seinem eigenen Schatten fürchtete und der seine eigenen Fußstapfen hasste. Darum lief er vor ihnen davon. Aber je schneller er rannte, um so mehr Fußstapfen verursachte er, und so flink er auch davonlief, seinen Schatten konnte er nicht abschütteln. Da meinte er, er sei noch zu langsam, also lief er noch schneller und gönnte sich keine Pause mehr. Zum Schluss war er völlig entkräftet und starb. Dieser Mann wusste nicht, dass er einfach im Schatten hätte stehen bleiben müssen, um nicht von ihm verfolgt zu werden und dass er ruhig irgendwo hätte verharren müssen, um keine Fußstapfen mehr zu verursachen. Er war wirklich äußerst töricht! Aber auch du willst die Prinzipien der Mitmenschlichkeit und der Rechtschaffenheit ergründen, du untersuchst Gleichheit und Verschiedenheit, sinnst nach über den Wechsel von Bewegung und Ruhe und das angemessene Maß von Geben und Nehmen, du ordnest die Gefühle von Liebe und Hass und suchst Harmonie in das Maß von Freude und Zorn zu bringen. Und dennoch wirst du deinem Schicksal nicht entgehen. Darum sage ich dir, kümmere dich behutsam um dich selbst, hüte mit Vorsicht das Wahre und lass anderen, was ihnen zukommt, dann wird dir nichts mehr Mühe bereiten. Aber wenn du dich nicht selbst kultivierst und du ständig nur um andere Leute bemüht bist, ist das nicht eine Entfremdung von dir selbst?«

Darauf bemerkte Konfuzius seufzend:

»Darf ich Euch fragen, was das Wahre ist?«

Der alte Fischer erwiderte:

»Das Wahre, das ist die höchste Geistigkeit und Aufrichtigkeit. Ohne diese Geistigkeit und Aufrichtigkeit kann man andere nicht bewegen. Erzwungener Kummer wirkt trotz der dabei gezeigten Trauer nicht wie wirklicher Schmerz; erzwungener Zorn ist trotz der dabei gezeigten Strenge nicht wirklich Respekt einflößend; erzwungene Freundlichkeit ist trotz des dabei gezeigten Lächelns ohne wirkliche Harmonie. Wahre Trauer braucht keine Worte, um den Schmerz zu zeigen; wahrer Zorn muss nicht zum Ausbruch kommen, um Respekt einzuflößen; wahre Freundlichkeit braucht kein Lächeln, um Harmonie zu verbreiten. Wenn man das Wahre in seinem Inneren hat, dann wird man mit seinem Geist auch die äußeren Dinge bewegen. Darum wird das Wahre so hochgeschätzt. Wirkt es sich beim Menschen aus, dann bringt es alles in die richtige Ordnung. Dient man den Eltern, dann ist es Güte und Pietät, dient man dem Herrscher, dann ist es Loyalität und Treue. Beim Zechen ist es Fröhlichkeit und bei der Trauer ist es Schmerz. Bei Loyalität und Treue sind die inneren Fähigkeiten am wichtigsten, beim Zechen ist die Fröhlichkeit am wichtigsten, bei der Trauer ist der Schmerz am wichtigsten, beim Dienst an den Eltern ist die Folgsamkeit am wichtigsten. Es gibt mehr als einen Weg, um seine Fähigkeiten zu vollenden; folgt man den Eltern, dann spielt es keine Rolle, auf welche Weise man es macht; für die Fröhlichkeit beim Zechen ist es egal, welche Becher man ausgewählt hat; der Schmerz bei der Trauer fragt nicht nach Ritualen. Rituale werden von Menschen gemacht; das Wahre hingegen wird natürlich empfangen. Es ist spontan und kann nicht künstlich verändert werden. Wenn darum die Weisen dem Natürlichen folgen und das Wahre hochschätzen, dann schränken sie das von Menschen Gemachte ein. Der Törichte aber handelt genau entgegengesetzt. Er kann nicht dem Natürlichen folgen und sorgt sich um die Angelegenheiten der Menschen. Er weiß nicht, wie man das Wahre hochschätzt, und unfähig, wie er ist, lässt er sich von dem, was die Menschen künstlich herstellen, beeinflussen. Darum ist er minderwertig. Ach wie bedauerlich, dass du dich so früh von dem Künstlichen hast verführen lassen und erst so spät vom großen tao gehört hast!«

Erneut verbeugte sich Konfuzius mehrmals, richtete sich wieder auf und sprach:

»Dass ich Euch heute begegnen durfte, ist wie ein vom Himmel gesandtes Glück. Ich hoffe, mein Herr, Ihr haltet es nicht für unter Eurer Würde stehend, wenn ich Euer Schüler sein möchte, um von Euch belehrt zu werden? Darf ich also fragen, wo sich Euer Haus befindet? Ich bitte Euch, lasst mich Euch folgen und von Eurer Kunst profitieren, so dass ich bis an mein Lebensende das große tao studieren kann.«

Der Fischer aber erwiderte:

»Ich habe gehört, dass diejenigen, die gemeinsam vorwärts schreiten können, auch gemeinsam zum wunderbaren tao gelangen, dass aber diejenigen, die nicht gemeinsam vorwärts schreiten können, das tao nicht erfassen. Es ist darum besser, wenn du nicht zusammen mit mir gehst, damit nicht auch ich dadurch noch Schaden erleide. Du bist einfach viel zu sehr bemüht! Darum muss ich dich nun verlassen, ja, darum muss ich dich verlassen!«

Nach diesen Worten stieß der alte Fischer einfach sein Boot vom Ufer ab und fuhr langsam durch das Schilf davon.

Zhuangzi

✳

Der Rat des Buckligen

Als Konfuzius während einer Reise zum Staat Chu aus einem Wald heraustrat, erblickte er einen Mann mit einem Buckel, der gerade dabei war, Zikaden zu fangen, und zwar mit einer Leichtigkeit, als würde er sie einfach so vom Boden aufheben.

Erstaunt rief Konfuzius aus:

»Wie geschickt du bist! Ist das etwa so, weil du das tao besitzt?«

Der Bucklige erwiderte:

»Ich habe wirklich das tao. Fünf oder sechs Monate lang habe ich mit zwei übereinander gelegten Kugeln balanciert, bis sie mir nicht mehr hinunterfielen. Als mir das gelungen war, entgingen mir nur noch wenige Zikaden. Dann habe ich mit drei übereinander gelegten Kugeln balanciert, bis sie nicht mehr hinunterfielen. Als mir das gelungen war, entging mir von zehn Zikaden nur noch eine. Schließlich habe ich mit fünf übereinander gelegten Kugeln balanciert, bis sie nicht mehr hinunterfielen. Und nachdem mir auch das gelungen war, konnte ich Zikaden fangen, als würde ich sie vom Boden auflesen. Meinen Körper halte ich dabei wie jemand, der Bäume fällt und meinen Arm strecke ich dabei aus wie den Ast eines morschen Baumes. Obwohl der Kosmos riesig ist und die Dinge darin zahlreich sind, erkenne ich nur die Flügel der Zikade. Weder widersetze ich mich diesem Wissen noch weiche ich davon ab. Alle Dinge in der Welt würde ich nicht gegen die Flügel der Zikade austauschen wollen. Wie könnte es unter diesen Umständen anders sein, als das es mir gelingt, sie zu fangen?«

Nachdem er das gehört hatte, wandte Konfuzius sich um und sprach zu seinen Schülern:

»Wer seinen Willen ungeteilt auf eine Sache richtet, der ist in seinem Geist völlig konzentriert. Das ist es, was diese Bucklige uns sagen will.«

Da aber entgegnete der Bucklige:

»Du gehörst doch zu diesen Gelehrten mit den langärmeligen Gewändern. Woher willst du eigentlich wissen, wie man nach der Wahrheit fragt? Bringe erst einmal das in Ordnung, was du immer so anstrebst, bevor du dir anmaßen kannst, über diese Dinge zu sprechen!« *Liezi*

Aber wenn die ganze Welt verrückt ist?

Herr Feng aus dem Staat Qin hatte einen Sohn, der in seiner Kindheit klug gewesen war, der aber als er größer wurde an einer Geisteskrankheit litt. Hörte er jemand singen, so hielt er es für Weinen; sah er etwas Weißes, hielt er es für etwas Schwarzes; roch er etwas Wohlduftendes, hielt er es für etwas Übelriechendes; schmeckte er etwas Süßes, hielt er es für etwas Bitteres; tat er etwas Falsches, hielt er es für richtig. Himmel und Erde, die vier Himmelsrichtungen, Wasser und Feuer, Kälte und Wärme, in seinem Denken waren sie alle genau umgekehrt.

Ein Herr Yang sagte zu dem Vater:

»Konfuzius, der Edle aus dem Staat Lu, verfügt über zahlreiche Mittel und Fertigkeiten. Vielleicht kann er die Krankheit deines Sohnes heilen. Warum suchst du ihn nicht einfach einmal auf?«

Daraufhin machte sich der Vater tatsächlich auf den Weg nach Lu. Unterwegs musste er den Staat Chen durchqueren und als er dort den Lao Dan traf, erzählte er ihm von der Krankheit seines Sohnes.

Lao Dan sprach zu ihm:

»Wie kannst du dir so sicher sein, dass dein Sohn verrückt ist? Heutzutage sind doch alle Menschen auf der Welt in Verwirrung über Richtig und Falsch und im Unklaren über Nutzen und Schaden. Aber weil es so viele sind, die an dieser Krankheit leiden, deshalb ist sie keinem bewusst. Nun ist es aber doch so, dass ein Verrückter nicht eine ganze Familie verderben kann, dass eine verrückte Familie nicht ein ganzes Dorf verderben kann, dass ein verrücktes Dorf nicht einen ganzen Staat verderben kann und dass ein verrückter Staat nicht die ganze

Welt verderben kann. Aber wenn die ganze Welt verrückt ist, wer soll sie dann noch verderben? Angenommen, alle Welt würde so fühlen wie dein Sohn, dann wärst doch im Gegenteil du der Verrückte. Trauer und Freude, Töne und Farben, Gerüche und Geschmäcker, Gerechtigkeit und Ungerechtigkeit, wer kann schon sagen, was dabei immer das Richtige ist? Und wer kann mit Sicherheit behaupten, dass das, was ich jetzt von mir gebe, nicht auch wirres Zeug ist? Aber um wieviel größer noch sind die verrückten Übeltaten des Edlen aus Lu! Wie soll dieser Mann überhaupt in der Lage sein, die Geisteskrankheit eines anderen zu heilen? Besser, als dein Reisegeld auf diese Weise zu vergeuden, wäre es darum, du würdest schleunigst wieder den Heimweg antreten. *Liezi*

✳

Ein großzügiges Geschenk

Nachdem dem Kaiser Yuan (reg. 317-322) sein Sohn Sima Yu geboren worden war, verteilte er unter seinen hohen Würdenträgern großzügig Geschenke.

Um seinen Dank über diese Aufmerksamkeit seitens des Herrschers zum Ausdruck zu bringen, sagte der Beamte Yin Xian:

»In der Tat ist die Geburt eines kaiserlichen Sohns ein Grund zur Freude für das ganze Reich. Doch kommt Eurem Diener bei dieser Angelegenheit nicht das geringste Verdienst zu, darum hätte er nie gewagt, ein solch großzügiges Geschenk zu erwarten.«

Da brach der Kaiser in lautes Gelächter aus und rief:

»Wie hätte ich auch gestatten können, dass du dir bei dieser Angelegenheit irgendwelche Verdienste erwirbst!«

Neue Aufzeichnungen der Geschichten der Welt

Lob der Unwissenheit

Wissen ist das Unheil des Staates

Die sich in alter Zeit auf das tao verstanden, klärten das Volk nicht auf, sondern hielten es in Unwissenheit. Dass das Volk schwer zu regieren ist, liegt nämlich daran, dass es zu viel Wissen besitzt.

Wer darum mit Wissen den Staat regiert, ist das Unheil des Staates; aber wer ohne Wissen den Staat regiert, ist das Glück des Staates. Wer diese beiden Dinge erkennt, erfasst ein weiteres Prinzip. Wenn man dieses Prinzip für immer bewahrt, dann nennt man das die Geheimnisvolle Wirkkraft. Die Geheimnisvolle Wirkkraft ist tief und weit und anders als alle Dinge. Mit ihr erreicht man schließlich die Große Übereinstimmung. *Daodejing*

✳

Handeln ohne zu streben

Wahre Worte klingen nicht schön; schöne Worte klingen nicht wahr. Der Tüchtige ist nicht wortgewandt, der Wortgewandte ist nicht tüchtig. Der Wissende ist nicht gelehrt; der Gelehrte ist nicht wissend.

Der Weise bewahrt nichts. Je mehr er für andere tut, um so mehr hat er für sich; je mehr er anderen gibt, um so mehr hat er für sich.

Das tao des Himmels nützt ohne zu schaden; das tao des Weisen bedeutet handeln ohne zu streben. *Daodejing*

✳

Die Wandlung

Yang Zhu reiste einmal im Süden umher und gelangte in die Gegend von Pei. Lao Dan hielt sich einst im Westen auf und wanderte zum Staat Qin. Dort machte er Halt an der Grenze. Als Yang Zhu schließlich den Staat Liang erreichte, traf er dort auf Meister Lao. Während sie danach gemeinsam unterwegs waren, blickte Meister Lao auf einmal zum Himmel und seufzte:

»Zuerst glaubte ich, dir etwas beibringen zu können, aber nun glaube ich, dass du nicht zu belehren bist.«

Yang Zhu erwiderte darauf nichts.

Nachdem sie in ein Gasthaus eingekehrt waren, wusch Yang Zhu sich mit heißem Wasser, spülte seinen Mund aus, trocknete sich ab und kämmte sein Haar. Als er wieder draußen vor die Tür trat, zog er seine Schuhe aus. Dann kroch er demütig vor Meister Lao und sprach zu ihm:

»Als wir herkamen, Meister, habt Ihr unterwegs zum Himmel geschaut und seufzend gesagt: ›Zuerst glaubte ich, dir etwas beibringen zu können, aber nun glaube ich, dass du nicht zu belehren bist.‹ Euer Schüler hätte den Meister gerne gebeten, ihm diese Worte zu erklären. Aber unterwegs war keine Zeit dafür. Darum habe ich es nicht gewagt. Doch nun hätten wir Zeit. Darum möchte ich Euch nach meinem Fehler fragen.«

Meister Lao sagte:

»Du reißt die Augen auf und schaust voller Hochmut, wer möchte da bei dir verweilen? Denke daran, wirklich große Reinheit wirkt wie Schande und wahre innere Kraft wirkt wie ein Mangel.«

Yang Zhu war darüber beunruhigt und sein Gesichtsausdruck veränderte sich.

Aber dann sagte er entschlossen:

»Das, was ich nun mit Respekt vernommen habe, soll mir zur Bestimmung werden!«

Bevor er aus dem Gasthaus getreten war, war er wie ein würdiger Gast behandelt worden. Der Wirt hatte ihm eine Matte gereicht und die Wirtin Handtuch und Kamm gegeben. Die Gäste hatten ihm Platz für seine Matte gemacht und an den Herd gelassen, damit er sich dort etwas Fleisch rösten konnte. Aber als er jetzt wieder in das Gasthaus zurückkehrte, versuchten die anderen Gäste ihm seine Matte streitig zu machen. *Liezi*

*

Das Bewusstsein abschütteln

Während Yang Zhu den Staat Song durchquerte, kam er im Osten zu einem Gasthaus. Der Wirt besaß zwei Nebenfrauen, die eine war schön, die andere hässlich. Der Hässlichen begegnete man mit Hochachtung, aber der Schönen mit Geringschätzung. Als Yang Zhu nach dem Grund dafür fragte, antwortete ihm der Sohn des Wirtes:

»Die Schöne hält sich selbst für schön, darum wissen wir nichts von ihrer Schönheit; die Hässliche hält sich selbst für hässlich, darum wissen wir nichts von ihrer Hässlichkeit.«

Da sagte Meister Yang zu seinen Schülern:

»Meine Schüler, merkt euch das! Wenn ihr mit Würde handelt, aber das Bewusstsein des würdigen Handelns abschüttelt, wer könnte euch dann, wo ihr auch hinkommt, nicht mit Zuneigung entgegentreten?« *Liezi*

*

Richtig oder falsch

Zhang Wuzi sprach zu Ju Quezi:

»Nehmen wir einmal an, wir beide disputieren über etwas und du gewinnst dabei, ich aber unterliege. Ist dann wirklich das, was du behauptest, richtig und das, was ich behaupte, falsch? Und wenn umgekehrt, ich obsiege und du unterliegst, ist dann wirklich das, was ich behaupte, richtig und das, was du behauptest, falsch? Ist bei einem Disput immer eine Behauptung richtig und die andere falsch? Oder können auch beide richtig oder beide falsch sein? Wenn wir beide das schon nicht herausfinden können, wieviel Unklarheit würden dann erst andere haben, die sich darin einmischten? Denn wen könnte man zur Beurteilung von Richtigem oder Falschem hinzuziehen? Jemand, der mit deiner Behauptung übereinstimmt, wird natürlich dir recht geben. Wie also könnte der richtig urteilen? Jemand, der mit meiner Behauptung übereinstimmt, wird natürlich mir recht geben. Wie also könnte der richtig urteilen? Und wenn jemand sogar etwas für richtig hält, was von unseren Behauptungen verschieden ist, er also mit uns beiden nicht übereinstimmt, kann man dann wirklich sagen, dass der richtig urteilt? Oder bei jemandem, der unsere Behauptungen für richtig hält, der also mit uns beiden übereinstimmt, kann man bei dem wirklich sagen, dass der richtig urteilt? Nun, da weder wir noch andere in der Lage sind, uns gegenseitig Erkenntnis zu vermitteln, auf wen sollen wir dann noch warten?«

Zhuangzi

*

Der friedliche Staat

Ein Staat muss klein sein und die Anzahl seiner Bewohner gering. Es muss dafür gesorgt werden, dass, selbst wenn es darin alle Arten von Instrumenten gibt, diese ungenutzt bleiben. Das Volk muss dazu gebracht werden, den Tod wichtig zu nehmen, aber nicht dazu, in die Ferne schweifen zu wollen. Selbst wenn es Schiffe und Wagen gibt, darf sie keiner besteigen; und selbst wenn es Rüstungen und Waffen gibt, darf sie niemand für die Schlacht gebrauchen. Es muss dafür gesorgt werden, dass die Menschen wieder Schnüre knoten und als Schrift gebrauchen. Süß müssen ihre Speisen sein und schön ihre Kleider. In ihren Wohnungen muss Friede herrschen und ihre Bräuche müssen fröhlich sein. Und selbst wenn die Nachbarländer in Sichtweite liegen und das Krähen ihrer Hähne und das Bellen ihrer Hunde vernommen werden kann, darf keiner, auch wenn er ein hohes Alter erreicht, jemals dort gewesen sein. *Daodejing*

*

Der unauffindbare Ort des Glücks

Während der Regierungsperiode Taiyuan der Jin-Dynastie gab es in der Gegend von Wuling einen Mann, der vom Fischfang lebte. Eines Tages fuhr dieser einen kleinen Fluss hinauf und bemerkte gar nicht, wie weit er mit der Zeit schon gefahren war. Plötzlich gelangte er mit seinem Boot zu einem Wald voller Pfirsichbäume, der sich viele hundert Schritte entlang der beiden Uferseiten ausdehnte. Keine anderen Pflanzen waren dort zu sehen als Pfirsichbäume und wohlriechendes Gras, das – frisch und schön anzuschauen – zwischen den Bäumen spross. Und überall fielen wirr durcheinander die Blüten von den Bäumen auf den Boden nieder. Der Fischer war von dem Anblick gefesselt und fuhr weiter, um an das Ende des Waldes zu gelangen. Als er dieses erreicht hatte, kam er zur Quelle eines kleinen Flusses und zu einem Berg. In dem Berg klaffte eine kleine Höhle, in der er einen Lichtschein wahrzunehmen meinte. Er verließ also das Boot und kletterte in die Höhle hinein. Sie war so schmal, dass sich nur ein Mann gerade hindurch zwängen konnte. Aber schon nach wenigen Schritten stand er vor einer weiten Ebene, mit ordentlichen Häusern, fruchtbaren Feldern, schönen Teichen, Maulbeerbäumen und Bambushainen. Das Krähen der Hähne und das Bellen der Hunde war deutlich zu vernehmen. Die Geschäftigkeit, mit der auf den Feldern gearbeitet wurde, und die Kleidung, welche die Leute trugen, all das war genauso, wie bei anderen Menschen auch. Von den weißhaarigen Alten bis zu den Kindern mit ihren lang herabhängenden Haaren sahen sie aber alle äußerst glücklich und zufrieden aus.

Als die Menschen den Fischer erblickten, waren sie erstaunt und fragten ihn, wie er hierher gekommen sei, worauf er ihnen ausführlich darüber berichtete. Daraufhin luden sie ihn ein, ihr Gast zu sein, schlachteten Hühner und bereiteten Wein für ein Empfangsmahl vor. Nun strömten auch die anderen Bewohner der Häuser, die inzwischen von der Ankunft des Fischers erfahren hatten, herbei, um ihn auszufragen. Sie selbst erzählten, ihre Vorfahren seien vor langer Zeit vor den in der Qin-Dynastie herrschenden Wirren geflohen. Sie hätten sich mit allen Menschen ihrer Heimat, Alten und Jungen, aufgemacht und seien auf diese Weise an diesen, von der übrigen Welt abgeschnittenen Ort gelangt. Seitdem sei keiner von ihnen mehr jenseits der Höhle gewesen, so dass sie keinen Kontakt zu den Menschen der Außenwelt hätten. Darum fragten sie den Fischer, wie der Name der gerade amtierenden Dynastie heiße. Dabei stellte sich heraus, dass sie noch nicht einmal die der Qin-Dynastie schon bald folgende Han-Dynastie kannten, ganz zu schweigen von den zur Zeit gerade herrschenden Dynastien Wei und Jin. Der Fischer berichtete ihnen über das Leben jenseits ihrer Höhle, wodurch sie in großes Erstaunen versetzt wurden. Schließlich wurde er von allen Bewohnern der Reihe nach eingeladen, Gast in ihrem Haus zu sein und mit Speisen und Wein bewirtet. Nachdem er mehrere Tage so verbracht hatte, wollte er aber nach Hause zurückkehren. Die Menschen baten ihn noch, bevor er sie verließ, niemandem draußen etwas von ihrer Existenz zu erzählen.

Der Fischer fand, als er aus der Höhle trat, sogleich sein Boot und fuhr denselben Weg, den er gekommen war, zurück, wobei er unterwegs immer wieder Markierungen setzte. Als er schließlich die Präfekturstadt erreichte, ging er gleich zum Präfekten und berichtet ihm, was er erlebt hatte. Der Präfekt befahl einigen Männern, den Fischer zu begleiten, damit er ihnen die Wegemarkierungen zeige. Aber sie verirrten sich und es gelang ihnen nicht, den Weg zu der Höhle wiederzufinden.

Als Liu Jizi aus der Gegend von Nanyang, der ein angesehener Gelehrter war, von dieser Geschichte hörte, war er hocherfreut und beabsichtigte, die Höhle zu suchen. Doch starb er kurz darauf an einer Krankheit. Danach gab es niemanden mehr, der nach der Höhle fragte.

Tao Yuanming

Frage und Antwort in den Bergen

Fragt man mich, warum ich hause
Am jadegrünen Berg
Lache ich nur und antworte nicht
Mein Herz ist ruhig und gelassen
Pfirsichblüten auf fließendem Wasser
Treiben in der Ferne davon
Es gibt noch eine andere Welt
Als die, darin der Mensch lebt

Li Bai

Sich der Welt entziehen

Der Aufhebung der Wünsche folgt die Stille

Tao ist immer ohne Handeln und dennoch bleibt bei ihm nichts ungetan. Wenn Fürsten und Könige das tao bewahrten, dann würden sich die unzähligen Dinge von selbst wandeln. Aber wenn die Dinge sich wandeln und dabei Wünsche entstehen, werde ich diese mit dem Unbearbeiteten, das keinen Namen trägt, zur Ruhe bringen. Denn das Unbearbeitete, das keinen Namen trägt, bewirkt die Aufhebung aller Wünsche. Die Aufhebung der Wünsche bedeutet Stille. Erst dann wird die Welt von selbst gefestigt sein. *Daodejing*

✳

Die Eroberung der Welt

Wer sich dem Lernen widmet, wird mit jedem Tag mehr; wer sich dem tao widmet, wird mit jedem Tag weniger. Er wird weniger und immer weniger, bis er beim Nicht-Handeln angelangt ist. Dann handelt er nicht mehr und dennoch bleibt nichts ungetan.

Will man die Welt erobern, muss man stets ohne Handeln sein. Denn sobald man handelt, gelingt es nicht, die Welt zu erobern. *Daodejing*

✳

Es muß von selbst geschehen

Mit Regeln kann man einen Staat regieren; mit List kann man Waffen gebrauchen; und mit Nicht-Handeln kann man die Welt erobern.

Woher ich weiß, dass das so ist?

Das liegt daran: Gibt es in der Welt zu viele Verbote,

dann wird das Volk immer ärmer. Hat das Volk zu viele scharfe Werkzeuge, dann geraten Staat und Familie in Verwirrung. Werden die Menschen in ihren Fertigkeiten immer geschickter, dann tauchen immer mehr seltsame Dinge auf. Werden die Gesetze immer klarer, dann treten immer mehr Verbrecher auf.

Darum sagt der Weise:

›Ich handle nicht und das Volk wandelt sich von selbst. Ich liebe die Ruhe und das Volk verhält sich von selbst richtig. Ich handle nicht und das Volk wird von selbst reich. Ich habe keine Wünsche und das Volk ist von selbst einfach.‹ *Daodejing*

*

Schwach und stark

Wenn der Mensch geboren wird, ist er weich und schwach, aber wenn er stirbt, ist er hart und stark. Wenn die vielen Pflanzen entstehen, sind sie auch weich und biegsam, aber wenn sie eingehen, sind sie steif und vertrocknet. Darum gehören das Harte und Starke zum Tod und das Weiche und Schwache zum Leben.

Aus diesem Grund gilt: Wenn Waffen stark sind, dann werden sie zerstört; wenn Bäume stark sind, dann werden sie gefällt. Das Harte und Starke ist das Minderwertige; das Weiche und Schwache ist das Wertvolle.

Daodejing

*

Wer das Unglück des Staates auf sich nimmt

In der Welt findet sich nichts Weicheres und Schwächeres als das Wasser. Aber dennoch gibt es nichts, das wie das Wasser dem Harten und Starken zu schaffen macht. Darum kann es durch nichts ersetzt werden.

Dass das Weiche das Harte und das Schwache das Starke besiegt, ist allen in der Welt bekannt. Aber niemand handelt danach.

Darum sagt der Weise: ›Wer den Schmutz des Staates auf sich nimmt, der wird Fürst genannt; und wer das Unglück des Staates auf sich nimmt, der wird König der ganzen Welt.‹

Wahre Worte klingen stets wie ihr Gegenteil. *Daodejing*

*

Der Weise ist zu nichts zu gebrauchen

Nanbo Ziqi wanderte eines Tages in den Hügeln von Shang umher, da stieß er plötzlich auf einen mächtigen Baum, der von imposanter Erscheinung war. Hätte man tausend Viergespanne zusammengestellt, so hätten sie alle in dem Schatten unter seiner breiten Krone Platz finden können.

Da rief Ziqi aus:

»Welch ein Baum! Der muss sicherlich von außergewöhnlicher Beschaffenheit sein!«

Als er näher herangetreten war, richtete er zuerst seinen Blick nach oben und betrachtete das Astwerk des Baumes. Aber er stellte fest, dass Äste und Zweige so krumm und knorrig waren, dass man daraus weder Pfeiler noch Balken machen konnte. Dann sah er nach unten und begutachtete die mächtigen Wurzeln. Aber er fand dabei heraus, dass das Holz des Baumes nicht fest genug war, um daraus Särge zu zimmern. Und berührte man mit der Zunge die Blätter, verspürte man in der Mundhöhle einen fauligen und ätzenden Geschmack; roch man an ihnen, dann war man drei Tage so berauscht, dass man sich wie ein Verrückter gebärdete.

Da sagte Ziqi:

»Das ist wahrlich ein Baum, der zu nichts zu gebrauchen ist. Aber genau auf diese Weise hat er seine Größe erlangt. Ach ja, auch der weise Mensch ist ebenso zu nichts zu gebrauchen!« *Zhuangzi*

*

Der Nutzen des Unbrauchbaren

Der Baum wird Opfer seiner eigenen Brauchbarkeit. Das Öl wird durch Brennen in der Lampe verbraucht. Der Zimtbaum wird wegen seines Duftes gefällt. Der Lackbaum ist nützlich, darum wird er geschlagen. Alle Menschen kennen den Nutzen des Brauchbaren, aber niemand kennt den Nutzen des Unbrauchbaren. *Daodejing*

*

Das Glück der Missbildung

Shu war von missgebildeter Gestalt. Seine Wangen wurden von seinem Bauchnabel verdeckt; seine Schultern gingen über seinen Kopf hinaus; sein Haarknoten ragte zum Himmel empor; die fünf inneren Organe befanden sich oben; und die beiden Beine waren auf gleicher Höhe wie sein Oberkörper.

Für seinen Lebensunterhalt ergriff er die Nadel und flickte Kleider. Das reichte ihm, um sein Dasein fristen zu können. Aber mit dem Getreide, das er für das Auszählen der Schafgarbenstengel beim Wahrsagen verdiente, hätte er zehn Menschen ernähren können.

Wenn die Oberen Soldaten rekrutierten, dann lief der Missgestaltete mit aufgekrempelten Ärmeln zwischen ihnen sorglos umher. Wenn die Oberen zur Fronarbeit aufriefen, dann wurde dem Missgestalteten wegen seiner Gebrechen keine Arbeit zugeteilt. Doch wenn die Oberen unter den Kranken Getreide verteilten, dann erhielt er zwölf zhong* und noch zehn Bündel Reisig dazu. Auf diese Weise verhalf ihm seine missgebildete Gestalt dazu, sich genügend zu ernähren und schließlich das für ihn bestimmte Lebensalter zu erreichen. Um wieviel mehr wird der erlangen, dessen Tugend missgebildet ist!

Zhuangzi

* 1 zhong = 10 Liter.

Am Ende steht der Tod

Leben und Tod

Yan Pingzhong fragte den Guan Yiwu nach der Kultur des Lebens.

Guan Yiwu antwortete:

»Man muss sich frei entfalten können, das ist alles. Es darf im Leben kein Aufhalten und kein Behindern geben.«

Yan Pingzhong fragte:

»Und wie erlange ich dieses Ziel?«

Guan Yiwu erwiderte:

»Lass das Ohr das hören, was es hören will; lass das Auge das sehen, was es sehen will; lass die Nase das riechen, was sie riechen will; lass den Mund das sagen, was er sagen will; lass den Körper das genießen, was er genießen will; lass den Willen das tun, was er tun will. Denn das, was das Ohr hören will, sind Klänge und Töne. Lässt man es diese nicht hören, dann bedeutet das, die Hellhörigkeit zu behindern. Das, was das Auge sehen will, sind Schönheit und Farben. Lässt man es diese nicht sehen, dann bedeutet das, das klare Sehen zu behindern. Das, was die Nase riechen will, sind Gewürze und Blumen. Lässt man sie diese nicht riechen, dann bedeutet das, den Geruchssinn zu behindern. Das, worüber der Mund sprechen will, sind die Unterscheidung von Richtigem und Falschem. Lässt man ihn nicht darüber sprechen, dann bedeutet das, das Wissen zu behindern. Das, was der Körper genießen will, ist das Schöne und das Üppige. Lässt man ihn nicht daran teilhaben, dann bedeutet das, seine Zufriedenheit zu behindern.

All diese Behinderungen führen zu inneren Zerstörungen und bedeuten für den Menschen Grausamkeiten. Aber wenn man sie beseitigt, dann kann man freudig und gelassen den Tod erwarten, selbst wenn er schon nach einem Tag, einem Monat, einem Jahr oder zehn Jahren eintritt. Das verstehe ich unter Lebenskultur. Wenn man aber an dem Zerstörerischen und Grausamen festhält, sich dafür entscheidet und nicht von ihm lassen will, dann wird man selbst ein langes Leben in Trübsal verbringen und dauerte es auch hundert, tausend oder zehntausend Jahre. Das verstehe ich als Lebensunkultur.«

Dann sagte Guan Yiwu noch:

»Nun habe ich dir von der Kultivierung des Lebens erzählt und frage dich, wie es sich mit der Bestattung der Toten verhält?«

Yan Pingzhong erwiderte:

»Die Bestattung der Toten ist weniger wichtig. Warum also sollte ich darüber sprechen?«

Guan Yiwu sagte:

»Ich möchte dennoch etwas darüber hören.«

Da antwortete Yan Pingzhong:

»Wenn ich tot bin, was gilt dann noch für mich? Man kann meinen Leichnam verbrennen oder im Wasser versenken; man kann ihn in der Erde vergraben oder irgendwo im Freien liegen lassen; man kann ihn in Reisig einpacken und in einen Graben werfen oder in das mit Stickereien verzierte Gewand eines Königs hüllen und in einen Sarg aus Stein betten. Das mag so geschehen oder auch nicht.«

Daraufhin blickte Guan Yiwu den Yan Pingzhong an und sprach:

»Das tao von Leben und Tod haben wir beide erfasst.«

Liezi

*

Gegen die Benachteiligung

Als Meister Zhuang im Sterben lag, trat einer seiner Schüler an ihn heran und äußerte den Wunsch, seinem Lehrer ein prunkvolles Begräbnis bereiten zu dürfen.

Meister Zhuang aber entgegnete ihm:

»Der Himmel und die Erde sind mein Sarg und mein Grab; Sonne und Mond werden wie zwei Scheiben aus Jade und die Sterne wie kostbarer Schmuck meine Grabbeigaben sein; und alle Dinge werden als meine Gefährten bei meinem Begräbnis zugegen sein. Du siehst also, dass es meiner Totenfeier an nichts mangeln wird, warum möchtest du dann noch weitere Dinge hinzufügen?«

Der Schüler erwiderte:

»Ich habe Angst, Meister, dass Euch die Krähen und Geier fressen werden.«

Meister Zhuang antwortete:

»Unter freiem Himmel werden mich wohl die Krähen und Geier fressen, aber unter der Erde werden sich nur die Ameisen über mich hermachen. Ist es nicht ungerecht, wenn du die einen auf Kosten der anderen benachteiligen willst!« *Zhuangzi*

*

Lob der Gleichgültigkeit

Meng Sunyang fragte seinen Lehrer Meister Yang:

»Wenn ein Mensch das Leben wertschätzt und seinen Körper liebt, kann er dann danach streben, unsterblich zu werden?«

Meister Yang antwortete:

»Es ist ein Grundprinzip, dass jeder sterben muss.«

Meng Sunyang fragte:

»Aber sollte er nicht danach streben, sein Leben zu verlängern?«

Meister Yang erwiderte:

»Es ist auch ein Grundprinzip, dass man sein Leben nicht verlängern kann. Man kann das Leben nicht durch Wertschätzen erhalten und den Körper nicht durch Liebe kräftigen. Und warum sollte man überhaupt sein Leben verlängern wollen? Die Gefühle der Liebe und des Hasses gab es früher wie heute; das Wohlergehen und die Bedrohungen des Körpers gab es früher wie heute; Kummer und Freude bei den Angelegenheiten in der Welt gab es früher wie heute. Wenn man das alles gehört, gesehen und erlebt hat, dann ist es einem nach hundert Jahren mehr als genug. Um wieviel kummervoller wäre es, würde man das Leben auch noch verlängern?«

Meng Sunyang sagte:

»Wenn das richtig ist und ein früherer Tod besser sein soll als ein langes Leben, dann könnte man sich ja, um sein Ziel zu erreichen, gleich mit einem scharfen Schwert umbringen oder ins Wasser oder Feuer springen.«

Meister Yang antwortete:

»Auf keinen Fall. Wenn man lebt, dann muss man das gleichgültig hinnehmen und über sich ergehen lassen. Man muss nur verstehen, welche Bedürfnisse man hat, bis einen irgendwann der Tod ereilt. Wenn man stirbt, muss man das ebenfalls gleichgültig hinnehmen und über sich ergehen lassen. Man muss nur verstehen, was geschieht und sich in das Ende fügen. Es kommt also darauf an, dass man beides, Leben und Sterben, mit Gleichgültigkeit hinnimmt und über sich ergehen lässt, denn was bedarf es des Drängens oder des Zurückhaltens oder der Eile in der uns gegebenen Zeit?« *Liezi*

Die Wandlungen

Nachdem Meister Zhuangs Frau gestorben war, kam sein Freund Meister Hui zu ihm, um ihm sein Beileid auszusprechen. Aber als er bei Meister Zhuang eintraf, saß dieser gerade mit ausgestreckten Beinen auf dem Boden, trommelte auf einem Topf herum und sang.

Meister Hui rief empört aus:

»Du hast mit ihr zusammen gelebt, du hast mit ihr Kinder großgezogen und du bist mit ihr alt geworden. Dass du nun, da sie tot ist, keine Tränen vergießt, mag noch durchgehen, dass du aber auf einen Topf hämmerst und dabei ein Lied singst, das ist doch wohl ungeheuerlich!«

Meister Zhuang erwiderte:

»Aber nein. Als sie gerade gestorben war, wie hätte ich da ohne Schmerz sein können? Doch als ich genauer darüber nachdachte, wurde mir klar, dass sie auch am Anfang ohne Leben war; und sie war nicht nur ohne Leben, sondern auch ohne körperliche Gestalt; und sie war nicht nur ohne körperliche Gestalt, sondern auch ohne Feinsubstanz. Sie war ursprünglich vermischt mit dem Unendlichen und Unfassbaren. Irgendwann fand darin eine Wandlung statt, bei der ihre Feinsubstanz entstand; die Feinsubstanz wandelte sich weiter und ihre körperliche Gestalt bildete sich; ihre Gestalt wandelte sich weiter und ihr Leben wurde geweckt. Und nun hat sie sich erneut gewandelt und ist gestorben. Das ist doch ebenso wie der Wechsel der vier Jahreszeiten Frühling, Sommer, Herbst und Winter. Jetzt ruht sie friedlich im gewaltigen Raum des Universums. Wenn ich nun mit lautem Schluchzen klagen würde, hieße das doch nur, dass ich den Lauf der Dinge nicht wirklich begriffen habe.« *Zhuangzi*

Und er vergoss keine Träne

In der Zeit, als Ruan Ji um seine Mutter trauern sollte, besuchte ihn Pei Kai, denn er wollte ihm sein Beileid aussprechen. Doch er fand Ruan Ji, der keine Träne vergoss, nur betrunken auf dem Boden hockend, mit völlig zerzaustem Haar und die Beine weit von sich gestreckt. Pei Kai legte daraufhin eine Matte für sich selbst auf den Boden; und nachdem er geweint und seine Worte des Beileids zu Ende gesprochen hatte, ging er wieder fort.

Da fragte jemand Pei Kai:

»Normalerweise ist es doch wohl so, dass, wenn man einen Beileidsbesuch macht, der Gastgeber weint und man selbst nur dem Verstorbenen die letzte Ehre erweist. Nun hat Ruan Ji aber überhaupt nicht geweint. Warum hast du es dann getan?«

Pei Kai erwiderte:

»Ruan ist ein Mensch, der die Moral überwunden hat, darum kümmert er sich nicht im Geringsten um die Regeln der Schicklichkeit. Du und ich hingegen gehören zu den Menschen, die noch immer inmitten der weltlichen Moral wandeln. Aus diesem Grund führen wir nur ein Leben, das sich an den weltlichen Normen orientiert.«

Neue Aufzeichnungen der Geschichten der Welt

*

Liebe und Trauer

Im Staat Wei lebte ein Mann, der hieß Wu vom Osttor. Als sein Sohn starb, trauerte er nicht um ihn. Da sprach sein Hausdiener zu ihm:

»So sehr wie Ihr Euren Sohn geliebt habt, findet auf

der Welt nicht seinesgleichen. Nun ist Euer Sohn gestorben, aber Ihr vergießt nicht eine Träne um ihn. Wie ist so etwas möglich?«

Wu vom Osttor erwiderte:

»Es hat eine Zeit gegeben, in der ich noch keinen Sohn besaß. In jener Zeit habe ich auch nicht getrauert. Jetzt, da mein Sohn gestorben ist, ist es wieder genauso wie zu der Zeit als er noch nicht lebte. Warum also sollte ich trauern?«

Liezi

Nachwort

Noch heute, mehr als zweitausend Jahre nach der Entstehung des Taoismus in China, sind die Menschen in Ost und West von den mit dieser Schule verbundenen Anschauungen fasziniert. Das hängt sicherlich nicht zuletzt damit zusammen, dass der Taoismus von Anfang an durch Persönlichkeiten geprägt wurde, die sich als Außenseiter offensichtlich in einen provokativen Gegensatz zu den konventionellen Lebensformen der Menschen ihrer Zeit stellten. Sei es, dass sie völlig aus der Gemeinschaft ausbrachen, ihre Familie und Freunde verließen und sich für ein Dasein in der Abgeschiedenheit der Natur entschieden, oder sei es, dass sie zwar in der Gemeinschaft verblieben, sich aber ihren Normen und Anforderungen einfach durch exzentrische Verhaltensweisen, zum Beispiel durch einen ihre Mitmenschen abschreckenden exzessiven Weingenuss, vollständig entzogen und damit Unmut und Ablehnung hervorriefen. Ganz gleich, welchen unorthodoxen Weg sie auch wählten, immer waren ihre Schritte davon bestimmt, dem in den Augen der meisten Menschen als normal und selbstverständlich geltendem Streben nach Moral, Anerkennung, Gelehrsamkeit, Reichtum, Ruhm oder Macht eine Absage zu erteilen. Denn all diese Ambitionen waren nach Auffassung der Taoisten künstlich, widernatürlich, zwanghaft und darum schädlich und standen im Gegensatz zum wahren Wesen des Menschen, das sie als einfach und spontan, frei und ungebunden verstanden.

Indem sie sich von der Gemeinschaft abwandten, suchten sie das innere Prinzip des tao zu ergreifen. Tao (wörtlich: »Weg«), das ist die umfassende kosmische Ordnung, in die der Mensch wie alle Dinge eingebettet ist, aus der er kommt und in die er wieder zurückkehrt; tao, das ist der natürliche und spontane Lauf der Dinge, dem der Mensch sich nicht widersetzen, sondern folgen soll, da auch er nichts anderes als ein Teil dieses universalen Prozesses ist. Nur im Einklang mit dem Tao kann er tatsächlich Vollkommenheit erlangen, kann er ein Weiser werden, ein Wahrer Mensch, den nichts mehr berührt, der alles durchdringt, der sich fallen lässt in den Strom des natürlichen Wandels der Dinge und der sich darin treiben lässt, unreflektiert und dennoch allwissend, nicht-handelnd und dennoch alles vollendend. Er erstrebt nichts und erzwingt nichts und hat doch das Ziel erreicht. Der Wahre Mensch wird charakterisiert durch die Weichheit des Wasser, das aber schließlich den härtesten Stein aushöhlt, oder die Biegsamkeit des dünnen Bambus, der selbst dem stärksten Sturm widersteht. Er ist nutzlos wie die verkrüppelten Äste eines alten Baumes und gerade deshalb der wertvollste Mensch. Indem er das höchste tao verkörpert, erlangt er die Einheit mit allen Dingen. Darum kennt er keine Grenzen, keine Unterschiede zwischen sich und den anderen. Und es gibt für ihn auch keinen wesentlichen Gegensatz von Traum und Wirklichkeit oder Leben und Tod. Aus diesem Grund ist er in der Lage, alles zu relativieren und in Frage zu stellen und von den Schicksalsschlägen der menschlichen Existenz nicht berührt und getroffen zu werden. Die Dinge, an denen die Menschen hängen, sind ihm unwichtig, und er verharrt selbst angesichts des drohenden eigenen Todes oder des Todes eines nahestehenden Menschen in Gelassenheit, denn in diesen Ereignissen vollzieht sich für ihn nur der natürliche Lauf der Dinge, das tao, dem man sich nicht widersetzen kann und darf. Das ganze Sein erkennt er so als einen natürlichen Prozess, als ein ständiges Fließen und ineinander Übergehen. Auf diese Weise werden die alltäglichen Gewissheiten notwendig aufgehoben, verlieren feste Normen und Regeln ihren Sinn. Wer zum tao, dem Einen, dem Ursprung, zurückgekehrt ist, für den ist alles falsch, denn er hat die nur für andere relevanten Unterschiede und Gegensätze der Dinge in der Welt überwunden, und das heißt in Wirklichkeit, für den ist alles wahr, denn er hat die wesentliche Einheit aller Dinge im tao, der *coincidentia oppositorum*, erfasst.

Wolfgang Ommerborn